# A ESSÊNCIA DAS
# Terapias

**EDITORA AFILIADA**

COLEÇÃO PENSAMENTOS E TEXTOS DE SABEDORIA

# A ESSÊNCIA DAS
# Terapias

## A ESSÊNCIA DA SABEDORIA DOS GRANDES GÊNIOS DE TODOS OS TEMPOS

MARTIN CLARET

# Créditos

© Copyright Editora Martin Claret, 2002

## IDEALIZAÇÃO E REALIZAÇÃO
Martin Claret

## CAPA
*La Ghirlandata* (detalhe), Dante Gabriel Rossetti (Ver pág. 125)

## MIOLO
Revisão
*Rosana Citino*

Direção de Arte
*José Duarte T. de Castro*

Digitação
*Conceição A. Gatti Leonardo*

Editoração Eletrônica
*Editora Martin Claret*

Fotolitos da Capa
*ERJ Informática*

Papel
*Off-Set Champion, 75g/m²*

Impressão e Acabamento
*Paulus Gráfica*

**Editora Martin Claret** - Rua Alegrete, 62 - Bairro Sumaré
CEP 01254-010 - São Paulo - SP
Tel.: (11) 3672-8144 - Fax: (11) 3673-7146

**www.martinclaret.com.br**

Agradecemos a todos os nossos amigos e colaboradores — pessoas físicas e jurídicas — que deram as condições para que fosse possível a publicação deste livro.

Este livro foi impresso no verão de 2002.

## A ARTE DE VIVER

# Seja profeta de si mesmo

### Martin Claret

*"A função derradeira das profecias não é a de predizer o futuro, mas a de construí-lo."*

## Somos criaturas programáveis

Caro leitor: *não é por acaso que você está lendo este livro-clipping. Nada acontece por acaso. Tudo acontece por uma causa.*

*Possivelmente a causa de você o estar lendo seja a sua vontade de obter mais informações ou expandir a sua consciência. A causa, também, pode ser a força da minha mentalização.*

*Cientistas, antropólogos, psicólogos e educadores têm afirmado que o ser humano é uma criatura culturalmente programada e programável.*

*Eis uma grande verdade.*

## Seu *hardware* e seu *software*

*Nosso cérebro e nosso sistema nervoso — o nosso* hardware *(a máquina) — é mais ou menos igual em todas as pessoas. A grande diferença que faz a diferença é o que está gravado ou programado no cérebro, isto é, o nosso* software *(o programa).*

*Explicando de uma maneira extremamente simplificada, você tem três tipos de programação: 1º) a programação genética (o instinto); 2º) a programação sóciocultural (família, amigos, escola, trabalho, líderes espirituais e políticos, livros, cinema, TVs, etc.); 3º) a autoprogramação ou a programação feita por você em você mesmo.*

*Na primeira programação você não tem nenhum controle; na segunda, tem controle parcial; e na terceira programação você tem controle total.*

*É fundamental que você saiba, conscientemente, controlar o terceiro tipo de programação, ou seja, a autoprogramação.*

## Um método de autoprogramação humana

*Todos os livros-clippings da coleção* Pensamentos e Textos de Sabedoria *foram construídos para conduzir você a se autoprogramar para um estado de ser positivo, realístico e eficiente.*

*Depois de longa pesquisa e vivência — análise e intuição — concluí que há, e sempre houve, um método simples e seguro de autoprogramação.*

*As informações adquiridas por meio da leitura de "historinhas", parábolas, fábulas, metáforas, aforismos, máximas, pensamentos, etc., podem, eventualmente, atingir seu subconsciente sem passar pelo crivo do consciente analítico e bloqueador. Esta prática permite, sem grande esforço, implantar em seu sistema automático perseguidor de objetivos uma programação incrivelmente podero-*

*sa e geradora de ação.*

Sabemos — *o grande objetivo da educação não é apenas o* saber, *mas a* ação.

*Um dos maiores Mestres de nosso tempo e um gênio na Arte de Viver, formalizou com incrível simplicidade este princípio quando ensinou: "Pedi e vos será dado; buscai e achareis; batei e vos será aberto. Pois todo o que pede, recebe; o que busca, acha; e ao que bate, se abrirá."*

*Hoje, em plena era da informática, com a conseqüente revolução da comunicação, estamos compreendendo esses eficientes recursos que temos inerentemente dentro de nós.*

## Um livro "vivo" e motivador

*A coleção* Pensamentos e Textos de Sabedoria *foi idealizada e construída para nos programar (autoprogramar) para a plenitude da vida. São 72 volumes de 128 páginas, no formato de bolso 11,5 x 18 cm, com textos essencializados, de alta qualidade gráfica, periodicidade mensal, baixo custo e distribuição em nível nacional.*

*Este livro começa onde o leitor o abrir. Ele não tem início nem fim. Pode continuar na nossa imaginação.*

*A essência da sabedoria dos grandes mestres espirituais, líderes políticos, educadores, filósofos, cientistas e empreendedores está aqui reunida de uma maneira compacta e didaticamente apresentada.*

*Buscamos a popularização do livro.*

*A foto e o pequeno perfil biográfico do autor de cada pensamento têm a função de facilitar a visualização do leitor. As "historinhas", ou "cápsulas" de informação, estão apresentadas com extrema concisão. Os 36 primeiros volumes abordam os mais importantes assuntos do conhecimento humano; os 36 volumes restantes focalizam 36 personalidades que mais influíram no nosso modo de pensar. Cada título da coleção* Pensamentos e Textos de Sabedoria *é um livro "vivo", motivador e transformador. Oferecemos o livroterapia.*

## Uma paixão invencível

*Minha permanente paixão cultural (já o disse em outros trabalhos) é ajudar as pessoas a se auto-ajudarem. Acredito ser esta minha principal vocação e missão. Quero "claretizar" as pessoas, ou seja, orientá-las no sentido de que vivam plenamente e tenham uma visão univérsica do mundo. Que sejam e que vivam harmonizadamente polarizadas.*

*Você tem o poder de genializar-se.*

*Este é o meu convite e o meu desafio lançado a você, leitor. Participe do "Projeto Sabedoria" e seja uma pessoa cosmo-pensada e auto-realizada.*

*"Pensar que É faz realmente SER".*

*Leitor amigo: vamos, juntos, construir uma poderosa força sinérgica para o nosso desenvolvimento pessoal e para o desenvolvimento de todas as pessoas de boa vontade.*

*Comece rompendo seus limites, modelando os grandes gênios. Visualize-se como já sendo "um vencedor do mundo".*

*Seja profeta de si mesmo.*

## A ARTE DE VIVER

SUELY BRAZ COSTA - Empresária mineira da cidade de Uberaba, é graduada em Letras e durante muitos anos lecionou Português e Literatura. Foi assessora de assuntos educacionais da Faculdade de Medicina do Triângulo Mineiro. Atualmente é Diretora de Vendas da Zebu Ecológica e presta consultoria de marketing. Em 1992, foi eleita a Empresária do Ano. É autora, entre outros, dos livros *De Bóia-Fria a Empresário Internacional*, *Cada Pessoa é Uma Empresa* e *Administração Holística — A Intuição como Diferencial*, sobre os quais profere palestras pelo Brasil.

> O Universo quer o melhor para nós, porque somos herdeiros do Dono do Universo; como o Dono é Amor, sejamos amor para recebermos a fortuna universal.

**A ARTE DE VIVER**

# Terapêutica

*Nova Enciclopédia Barsa*

Em sua luta contra a doença, a medicina utiliza os mais variados procedimentos e sistemas para a recuperação da saúde e restauração do equilíbrio de um organismo doente.

Terapêutica é o ramo da medicina cuja finalidade é o tratamento das doenças e que estuda os meios adequados para restaurar a saúde do doente. Representa, assim, o objetivo fundamental da medicina. Examinada sob diferentes aspectos, a terapêutica recebe denominações especiais de curativa ou paliativa, fundamental ou complementar. Diferencia-se ainda pelo uso de recursos isolados ou associados dentro de uma mesma linha de atuação. As medidas que compõem uma terapêutica podem ser higiênicas, dietéticas, psiquiátricas, cirúrgicas, ortopédicas, medicamentosas, etc.

Quando se faz menção à terapêutica, subentende-se em geral a medicamentosa, da qual há duas modalidades comumente denominadas homeopatia e alopatia, que divergem em seus princípios. A terapêutica medicamentosa, porém, pode ou não ser conveniente, pois nas perturbações somáticas muitas vezes resultam plenamente satisfatórias medidas como a psicoterapia e a mudança de hábitos, inclusive higiênicos ou dietéticos. Quando há real conveniência de administração de um medicamento, sua escolha deve tomar como base a prospecção de eficácia reconhecida por meio do estudo da doença ou da farmacodinâmica, pesquisa da ação e do efeito das substâncias nos organismos.

**História.** Os primeiros documentos de conteúdo terapêutico remontam ao Egito, dentre os quais se destaca o papiro de Ebers, de 1.500 a.C. Esse relatório reúne quase mil receitas e procedimentos curativos, numa demonstração de que ocorreu considerável acúmulo de conhecimentos científicos baseados numa terapêutica empírica, ao mesmo tempo em que se desenvolveu o tratamento tradicional de caráter mágico-medicinal.

O principal legado da antiguidade, porém, nesse campo como em tantos outros, procede dos gregos, por meio da importante figura de Hipócrates de Cós, que já no século 4 a.C. defendia o princípio da ação curativa da natureza, segundo a idéia do aforismo *similia similibus curantur* ("o semelhante cura o semelhante"), preceito básico da homeopatia. As idéias homeopáticas de Hipócrates opunham-se às teorias alopáticas de Galeno, do século 2 da era cristã, segundo as quais "os contrários curam os contrários", princípio assumido majoritariamente pela medicina moderna.

À medida que os conhecimentos médicos evoluíam, os procedimentos terapêuticos foram aperfeiçoados e renovados, passando a contar com recursos que, longe de substituir a eficácia dos tradicionais, os complementam e apoiam de forma decisiva. Assim, incorporaram-se ao saber e à prática da medicina novas técnicas de cirurgia, profilaxia e higiene, úteis na luta contra as doenças, às quais se somaram a partir do século 19 técnicas trazidas pelos campos da microbiologia, da bacteriologia, da quimioterapia, da imunologia e da radioterapia.

Qualquer método efetivo de cura entra no vasto campo da terapêutica, desde que respeite a integridade do organismo do paciente e não produza efeitos secundários significativos. A forma tradicionalmente empregada para agrupar os procedimentos terapêuticos tem sido dividir essa parte da medicina em dois campos básicos: o da terapêutica cirúrgica, centrada nas intervenções de cirurgia, e o da chamada terapêutica médica, que engloba tanto a quimioterapia, baseada no uso de produtos químicos para combater a doença, como a fisioterapia, que utiliza diversos meios físicos, naturais ou artificiais, a dietética ou terapia alimentar, etc.

No terreno das afecções nervosas, do comportamento e das doenças mentais usam-se técnicas de psicoterapia. Por seu lado, a chamada terapia substitutiva é aplicada para suprir deficiências na produção e secreção de determinadas substâncias do organismo.

**Procedimentos terapêuticos.** Além dos métodos terapêuticos gerais e de uso comum para enfrentar as doenças, tais como o repouso, o estabelecimento de uma dieta adequada para conseguir a cura, ou a execução das medidas de cunho médico segundo o tipo de afecção ou de doença, existe uma ampla e variada gama de procedimentos utilizados em terapêutica que vão desde massagens e exercícios físicos reabilitadores até o emprego de radiações, medicamentos ou hormônios.

A farmacoterapia e a quimioterapia baseiam-se na administração de medicamentos ou substâncias químicas para tratar doenças de origem bacteriana ou alterações produzidas por parasitas. No entanto, a introdução de uma substância ativa estranha ao organismo significa sempre um impacto maior ou menor sobre ele. O uso de determinado composto quimioterápico só é justificável na medida em que tal impacto seja mínimo, assim como alta a sua eficiência para atacar o agente invasor. O composto tem de ser também de fácil e rápida difusão e o organismo deve poder eliminá-lo sem dificuldade. A utilidade dos compostos quimioterápicos foi comprovada no século 20 por sua eficácia no tratamento de doenças de grande incidência, como a sífilis ou a malária. Por seu lado, a farmacodinâmica tem permitido compreender melhor os processos implicados na eficácia dos compostos no combate a doença.

A hormonoterapia consiste na introdução, no corpo do paciente, de hormônios, biomoléculas que atuam como mensageiros no organismo e ativam ou deprimem o funcionamento de determinados órgãos ou funções. Essa terapêutica inclui-se na chamada terapia de substituição, indicada nos casos em que o doente não produz, ao menos em quantidade suficiente, o composto hormonal adequado para realizar determinada função.

Na hemoterapia, emprega-se a administração de sangue por meio de transfusão, vital para salvar a vida do doente no caso de perda de grande volume de sangue e também com fins de imunidade. A administração de soros e vacinas, também de finalidade imunológica, pertence ao campo da imunoterapia.

A aplicação do calor com fins terapêuticos, ou termoterapia, é procedimento utilizado desde a antiguidade em forma de compressas molhadas em água quente, cataplasmas, bolsas, etc., entre os meios de ação local, ou em forma de banhos termais e de vapor, de ação geral. O calor exerce efeito benéfico e saudável ao mitigar a dor em numerosas afecções e ao atuar como vasodilatador, o que permite a afluência de sangue ao foco da patologia, bem como a chegada de leucócitos e outros elementos do sistema imunológico, que protegem contra as infecções. O calor também ativa a regeneração celular e dos tecidos, o que é útil no caso das cicatrizes, e influi de forma favorável em processos inflamatórios como o reumatismo. A diatermia é o procedimento pelo qual se gera calor interno por meio da passagem de corrente elétrica através de determinados órgãos e tecidos que reagem à circulação interior de elétrons em seu interior.

O sol e a água são também agentes terapêuticos de primeira ordem e definem dois campos específicos da terapêutica: a helioterapia e a hidroterapia. Desde a antiguidade conhecem-se os efeitos saudáveis dos banhos de sol, devido à ação da radiação solar sobre o organismo. Essa radiação atua como germicida, graças aos raios ultravioleta, produz vasodilatação, em virtude de seu poder calorífico, e induz a pele a formar vitamina D, de papel importante no metabolismo do cálcio e do fósforo e na constituição do sistema ósseo. O tratamento helioterápico revelou-se útil na cura e melhoria de várias afecções, entre elas tuberculose óssea, raquitismo, acne, eczema e artrite. Os raios solares ativam a circulação sangüínea e aumentam a freqüência e a intensidade respiratórias.

A hidroterapia é também empregada sobretudo

em forma de duchas, banhos de corpo inteiro ou parciais — como dos pés, da parte inferior do corpo, etc. —, compressas e saunas. Tanto a água fria como a quente provocam de início uma vasoconstrição, seguida de vasodilatação, o que é benéfico para indivíduos sãos, embora seja perigoso para hipertensos e cardíacos. Uma aplicação específica da hidroterapia é a talassoterapia, baseada nos banhos de mar. Um tratamento correlato são os banhos de lama. Há ainda o tratamento com argila, que é misturada com água até se obter uma pasta meio espessa, segundo a aplicação a que se destine. Também demonstraram eficácia curativa os banhos de areia seca, em particular no que se refere a problemas cutâneos, circulatórios, etc.

A introdução da eletricidade na medicina como remédio curativo direto deu origem à eletroterapia, que inclui diferentes subespecialidades, como a galvanoterapia ou aplicação de correntes contínuas toleráveis ao organismo, que permite tratar desde nefrite até atrofias e paralisias musculares; a faradoterapia, que utiliza a corrente alternada; ou a iontoforese, que se serve da corrente elétrica para introduzir no corpo do paciente diversas substâncias como íons e medicamentos.

Tem grande relevância também a actinoterapia, que aproveita o poder terapêutico de diferentes tipos de radiações, em doses toleráveis para o homem — como os raios X e outras. Sua aplicação principal tem sido o tratamento de tumores malignos, mas também é usada para corrigir anomalias hormonais ou cutâneas.

O exercício físico, com controle ou acompanhamento, e as massagens têm emprego amplo na atualidade e constituem uma peça básica na multiplicidade de tratamentos terapêuticos. A ação das massagens é muito variada — segundo sua modalidade, intensidade e zona de aplicação, e vai desde a ativação da circulação, o relaxamento muscular e a eliminação de gordura subcutânea até a melhoria da função digestiva e secretora ou o revigoramento do tecido epitelial.

(In: *Nova Enciclopédia Barsa*, vários autores, Encyclopaedia Britannica do Brasil Publicações, Rio de Janeiro/São Paulo, 1997.)

## A ARTE DE VIVER

JUNG (Gustav Carl) - Médico psiquiatra, conferencista e pesquisador dos fenômenos psicológicos. Nasceu em Kesswill (Suíça). Juntamente com Freud, é precursor da Psicanálise. Entre outras condecorações, foi agraciado com o título de Doutor *honoris causa* em Harvard. Deixou vasta obra publicada.
(1875 - 1961)

> *O principal objetivo da terapia não é transportar o paciente para um impossível estado de felicidade, mas sim ajudá-lo a adquirir paciência diante do sofrimento.*

## A ARTE DE VIVER

# Psicoterapia

*Nova Enciclopédia Barsa*

O arsenal terapêutico do psiquiatra e do psicólogo conta com dois recursos básicos: a administração de psicofármacos e a psicoterapia.

Psicoterapia é qualquer método de tratamento de distúrbios psicológicos ou emocionais baseado numa relação deliberadamente estabelecida entre terapeuta e paciente, ou grupo de pacientes, com o objetivo de remover sintomas ou estimular o desenvolvimento da personalidade. Os recursos empregados são os mais diversos: hipnose, sugestão, reeducação psicológica, persuasão, etc. É no contato humano entre terapeuta e paciente que reside a chave da ação psicoterápica, que não se limita apenas ao tratamento de estados psicopatológicos.

Os métodos psicoterapêuticos modernos, individuais ou de grupo, são aplicáveis a todas as formas de sofrimento emocional e incluem o tratamento de transtornos de conduta em crianças e adultos; reações emocionais às dificuldades rotineiras ou às crises existenciais; psicoses, que se caracterizam por desorganização mental tão severa que muitas vezes requerem internação; psiconeuroses, ou distúrbios emocionais crônicos baseados em conflitos remotos; vícios, como a toxicomania e o alcoolismo; doenças psicossomáticas, em que distúrbios de ordem emocional causam ou agravam lesões físicas; obsessões e estresse.

**Histórico.** Foi o médico francês Philippe Pinel o primeiro a utilizar uma terapia baseada no contato pessoal, orientada por um programa de atividades destinadas a conquistar o bem-estar do paciente. Com o *Traité médico-philosophique sur l'aliénation mentale ou la manie* (1801; *Tratado médico-filosófico sobre a alienação mental ou a mania)*, Pinel pôs fim à crença tradicional na possessão demoníaca dos doentes mentais e ao tratamento brutal a que eram submetidos nos hospitais.

Durante o século 19, a hipnose foi o principal método de tratamento psicoterápico das doenças mentais. A análise do fenômeno da hipnose e o estudo de seus efeitos catárticos formaram a base sobre a qual Sigmund Freud e Josef Breuer estruturaram a psicanálise, ciência dos mecanismos inconscientes, que é também uma psicoterapia.

**Tipos de psicoterapia.** Entre as modernas técnicas psicoterapêuticas incluem-se os tratamentos por sugestão, fundados no fato de que determinadas pessoas são permeáveis às idéias que outros lhes transmitem; tratamentos por persuasão e apoio, nos quais a relação entre terapeuta e paciente ocorre no plano verbal, com vista a um efeito catártico ou de descarga emocional de um conflito interno; e de treinamento em atividades capazes de exercer efeitos benéficos sobre o psiquismo do paciente, como a laborterapia, a musicoterapia, etc.

As terapias comportamentais, com base na teoria do reflexo condicionado do médico e fisiologista russo Ivan Petrovitch Pavlov e nos princípios da psicologia da aprendizagem, tentam obter a cura de estados emocionais patológicos específicos pelo estudo das circunstâncias em que estes se produzem. Assim, a recriação de cenas relacionadas com situações angustiantes pode fazer com que desapareçam os sintomas, quando essas cenas são evocadas em estado de completo relaxamento.

As terapias individuais têm em geral como objetivo a reorganização da personalidade global do paciente, com o que se pretende que ele modifique a percepção que tem de si mesmo e dos demais. Nessas técnicas, o papel do terapeuta e o estabelecimento de um clima de compreensão na relação transferencial são essenciais para ajudar o paciente a chegar ao conhecimento pleno de seus sentimentos e de sua conduta.

**Psicoterapia analítica.** Com uma participação importante do terapeuta, as técnicas centradas na psicanálise dirigem-se fundamentalmente para a reestruturação do eu, de forma que o paciente possa resolver seus conflitos e abandonar os mecanismos patológicos de defesa. A terapia psicanalítica tem como propósito trazer à consciência os conteúdos inconscientes dos conflitos, com a destruição dos mecanismos anormais cristalizados desde a infância e sua substituição por outros mais maduros. A descoberta dos conteúdos inconscientes se dá por meio da livre associação de idéias, pela análise dos sonhos e pelo estudo dos sintomas e da conduta do paciente.

A terapia psicanalítica adota técnicas muito diversas, dependendo da escola em questão. Na escola jungiana — criada por Carl Gustav Jung —, o analista auxilia o paciente na elaboração dos ideais de vida, a exemplo do que ocorre na escola adleriana, fundada por Alfred Adler, na qual o analista se transforma em orientador. Algumas escolas acreditam que o "olhar positivo incondicional" do terapeuta em relação ao paciente produz por si só importantes mudanças.

Todas as terapias incluídas na tradição psicanalítica enfatizam a importância da relação terapeuta-paciente e tentam levar o paciente a reconhecer e compreender seus próprios sentimentos. A psicanálise tradicional dá prioridade à análise dos sonhos como meio de conhecimento dos sentimentos profundos, e se empenha em ajudar o paciente a redescobrir, reviver e "trabalhar" as emoções traumáticas das primeiras etapas da vida, quando supostamente os conflitos tiveram origem. Todas as escolas concordam em que, na íntima e prolongada relação com o terapeuta, o paciente finalmente vai alimentar em relação a ele os sentimentos que perturbam suas relações com as pessoas emocionalmente próximas, na vida passada e presente. Quando terapeuta e paciente reconhecem o estabelecimento dessa "reação de transferência", abre-se o caminho para a solução dos conflitos.

**Terapias alternativas.** Existem muitas outras formas de terapia, como a terapia bioenergética, o psicodrama, a terapia gestaltista, a análise transacional, etc. Nessas atividades, estão presentes elementos psicanalíticos e atividades de relaxamento, de grupo, etc., algumas delas de inspiração oriental e naturalista. Essas terapias se filiam a múltiplas orientações e tendências. Seu desenvolvimento é multiforme e sua sobrevivência depende, em grande parte, da aceitação por parte da comunidade clínica.

(In: *Nova Enciclopédia Barsa*, Encyclopaedia Britannica do Brasil Publicações, Rio de Janeiro/São Paulo, 1997. )

## A ARTE DE VIVER

SCHOPENHAUER - Filósofo alemão, nascido em Dantzig. Seu pai era um rico negociante e desejava que ele seguisse seus passos, no que não foi obedecido. O filho optou por estudar Filosofia. Suas teorias filosóficas foram uma crítica às idéias correntes da época, principalmente o racionalismo kantiano. Schopenhauer nega o poder absoluto do intelecto. Sua obra central é *O Mundo como Vontade e como Representação*. (1788 - 1860)

> **A faculdade de nos distrairmos e esquecermos todos os cuidados da vida depois do trabalho é uma grande regra.**

## A ARTE DE VIVER

# Várias espécies de terapias

*Huberto Rohden*

Somaterapia
Psicoterapia
Logoterapia.

Estes três tipos de terapia, ou cura, são conhecidos. Antigamente, só se conhecia *somaterapia*, isto é, cura do corpo pelo corpo *(sôma*, em grego).

Nos últimos decênios, sobretudo depois de Freud, fala-se em *psicoterapia*, cura do corpo e da psique pela *psyché* (palavra grega para alma, no sentido de princípio vital).

Ultimamente surgiu o movimento de *logoterapia*, termo popularizado principalmente pelo dr. Victor E. Frankl, presidente da Policlínica Neurológica da Universidade de Viena. Pela palavra grega *logos*, usada na filosofia helênica desde a antiguidade, como também pelo autor do quarto Evangelho, entende-se a Razão Cósmica, o fator dinâmico, consciente, do Universo, o Uno da causa que se revela no *verso* dos efeitos. Esse *Logos* é a alma tanto do *Kósmos* como do *Anthropos*. De *per si*, o *logos* cósmico é idêntico *Logos* hominal. É o Deus imanente no mundo e no homem.

Quando os médicos falam em *logoterapia* referem-se à cura dos males humanos pelo princípio racional-consciente presente na natureza humana.

A logoterapia nada tem que ver com algo extracósmico ou extra-hominal, não se refere a um fator religioso ou místico fora do homem, não encampa nenhuma teologia eclesiástica, não apela para alguma ignota entidade transcendente, para algo além do homem. A logoterapia não *invoca* nenhuma entidade externa para curar os males do homem; mas *evoca* uma força interna, parte integrante da natureza humana, embora não conhecida nem utilizada pelo homem comum.

A logoterapia é, pois, *imanente* e não *transcendente* ao homem.

Verdade é que essa evocação (*ex-vocare* = chamar para fora) de um fator interno e imanente parece, à primeira vista, uma invocação (*invocare* = chamar para dentro), lembrando algo transcendente ao homem. O imanente é tão propinquamente *aquém*, tão intensamente dentro do homem, que parece estar longinquamente *além*, extensamente fora do homem. A designação usual *aquém* e *além* é totalmente arbitrária, dependente da perspectiva que o homem assume, de momento. Uma linha curva é chamada *convexa* por alguém que a contempla do lado de fora — e é chamada *côncava* por alguém que a olha de dentro da curva; mas a linha em si é uma e a mesma. O *aquém-de-dentro* é, para o homem-ego, tão distante como qualquer *além-de-fora*, ou mais distante ainda, porque o ego apreende melhor o dimensional do que o indimensional. E o *aquém* é absolutamente indimensional.

Ontologicamente considerado (na ordem do ser), o *aquém* é idêntico ao *além*; logicamente (na ordem do conhecer), o *aquém* jaz para cá, o *além* para lá.

Quando o homem atinge a plenitude da sua

consciência ou conscientização, nada mais sabe ele de um aquém ou de um além, porque a dimensão espacial do Finito se diluiu na indimensão do Infinito. O mesmo se dá com o conceito ilusório de tempo, que se dilui na verdade do eterno, que é a ausência do tempo. Quando o homem-ego ultrapassa a sucessividade analítica da sua mente e entra, como homem-Eu, na simultaneidade intuitiva da razão, então tudo isto se torna natural, evidente e compreensível.

A logoterapia não apela, portanto, para nenhum elemento *heterônomo* ao homem, mas penetra no âmago do elemento *autônomo* dele.

Via de regra, o homem só conhece as suas periferias sensoriais ou, quando muito, a sua zona semiperiférica mental. Mas nem os sentidos nem a mente representam a realidade central do homem; atingem o *factual*, mas não o *real*. Para além de todas as *facticidades* desponta a *realidade*.

A logoterapia prática, portanto, é o mais completo realismo, quando ultrapassa as facticidades periféricas ou semiperiféricas e entra na zona da realidade central. Para além de todas as facticidades irrealistas jaz a realidade real.

O homem irreal ou semi-real deve ser plenamente realizado, para que o seu ego doente seja saturado pelo seu Eu sadio. No homem pleni-real não há males. Todos os males de que o homem sofre vêm da zona do seu ego mental, da sua *persona* (termo latino para máscara). Somente o contato com a individualidade real pode curar a personalidade irreal; somente a verdade pode libertar o homem da inverdade, que gera os males.

No inconsciente total da natureza não há males, porque o automatismo férreo do instinto unilinear liga o mundo mineral-vegetal-animal diretamente ao Uno do centro, à Fonte do Bem, de maneira que o verso dos Finitos age sob a atuação absoluta do *Uno* do Infinito.

Só com o advento do homem-ego, do homem mental, semiconsciente e semilivre, é que surgiram as maldades e os males. O homem-ego é assaz consciente para criar maldades, que geram males, mas não é bastante consciente para superar os males.

O ego é luz, mas não é força. Pela luz enxerga o caminho certo, mas pela ausência de força não consegue andar por esse caminho.

Esse *ver-sem-poder* é o sofrimento do homem-ego. Essa luz matutina, eqüidistante das trevas noturnas e da luz meridiana, é que gera a inquietude metafísica do homem-ego, antes de atingir a grande quietude do homem-Eu.

Sendo, porém, que no homem-ego dormita o homem-Eu — assim como a planta dorme na semente —, é possível evocar de dentro do ego o Eu; é possível despertar para a vigília o homem dormente.

E esta possibilidade é a base da logoterapia.

A logoterapia não equivale, pois, a nenhum passe mágico, a nenhuma mística sobrenatural. Não invoca nenhum Deus transcendente, mas evoca o Deus imanente no homem, que é o seu verdadeiro Eu central, o "Pai em nós". A logoterapia é um processo 100% natural, real e racional, ao passo que as terapias inferiores não são plenamente naturais e racionais.

\* \* \*

A última palavra de todas as terapias é a *cosmoterapia*, que abrange todas as outras terapias. Cosmoterapia é a cura do homem pelas forças cósmicas em seu conjunto; porquanto o homem não é *sôma, psyché, logos*, disjuntivamente; ele é tudo isto, conjuntivamente. Não há no homem compartimentos estanques. Tudo o que acontece no *sôma* se reflete na *psyché* e no *logos;* e tudo que ocorre no *logos* ou em outro setor humano ocorre também em todos os outros setores, porque o homem é uma estrita unidade orgânica, e não uma diversidade mecânica; ele é univérsico, unidade em diversidade.

Ontologicamente, na ordem do ser, não há divisões no homem.

Logicamente, na ordem do conhecer, a nossa ciência fala em *sôma, psyché, logos,* por motivos de melhor conhecimento.

Na cosmoterapia consideramos o homem como um todo orgânico, uma síntese complementar, embora sob a direção de um fator dominante, o *logos*, o Eu pleniconsciente.

(In: *Cosmoterapia - A Cura dos Males Humanos pela Consciência Cósmica,* Huberto Rohden, Editora Martin Claret, São Paulo, 1998.)

# Regras úteis para parar de fumar

**Marcar data.** Uma boa maneira de parar de fumar é marcar um dia com antecedência, preparar-se e abandonar o hábito nesse dia.

**Um plano para parar de fumar.** Escolha um dia daqui a algumas semanas (dia D) a partir do qual não fumará mais cigarros e comece a prepara-se para isso. No dia D, o corte deverá ser total. "Experimentar só um", levá-lo-á diretamente de volta ao vício.

**Conseguir agüentar.** Conseguiu chegar ao dia D, deu o grande salto, mas e agora? As semanas que se seguem serão difíceis enquanto tentar resistir aos desejos e aos sintomas de privação. Há que tomar mais medidas para evitar o regresso ao velho hábito. Se tiver um deslize, não se ache um fracassado. Considere-o simplesmente um erro e continue o plano. Medite ou ouça cassetes de meditação diariamente para aliviar o estresse da privação. Faça exercícios de visualização: imagine a nicotina a sair do seu corpo; visualize os pulmões encherem-se de ar saudável. Sente-se nas áreas para não-fumantes dos restaurantes e mantenha a sua casa sem fumo.

**MANTENHA-SE OCUPADO**
*Ficar sentado sem fazer nada tornará ainda mais difícil evitar acender um cigarro. Sempre que sentir desejo de o fazer, vá dar um passeio refrescante.*

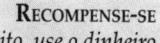
**RECOMPENSE-SE**
*Por cada dia de êxito, use o dinheiro dos cigarros que poupou e compre qualquer coisa para si.*

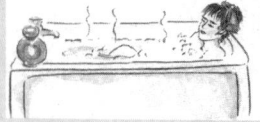

**DESCONTRAIA-SE**
*Tome um longo banho quente todas as noites. Peça a um amigo ou ao seu parceiro para lhe fazer uma massagem.*

(In: *Tratamentos Naturais, Saúde e Bem-Estar*-Vol. 2 - *O Seu Coração*, Reader's Digest, 1997.)

## A ARTE DE VIVER

# Jesus, o grande curador

*Segundo o Evangelho de Lucas*

### Jesus ensina em Cafarnaum e cura um endemoninhado

Desceu então a Cafarnaum, cidade da Galiléia, e ensinava-os aos sábados. Eles ficavam pasmados com seu ensino, porque falava com autoridade.

Encontrava-se na sinagoga um homem possesso de um espírito de demônio impuro, que se pôs a gritar fortemente: "Ah! Que queres conosco, Jesus Nazareno? Vieste para arruinar-nos? Sei quem tu és: O Santo de Deus." Mas Jesus o conjurou severamente: "Cala-te, e sai dele!" E o demônio, lançando-o no meio saiu sem lhe fazer mal algum. O espanto apossou-se de todos, e falavam entre si: "Que significa isso? Ele dá ordens com autoridade e poder aos espíritos impuros, e eles saem!" E sua fama se propagava por todo lugar da redondeza.

### Cura da sogra de Simão

Saindo da sinagoga, entrou na casa de Simão. A sogra de Simão estava com febre alta, e pediram-lhe por ela. Ele se inclinou para ela, conjurou severamente a febre e esta a deixou; imediatamente ela se levantou e se pôs a servi-los.

## Diversas curas

Ao pôr-do-sol, todos os que tinham doentes atingidos de males diversos traziam-nos, e ele, impondo as mãos sobre cada um, curava-os. De um grande número também saíam demônios gritando: "Tu és o Filho de Deus!" Em tom ameaçador, porém, ele os proibia de falar, pois sabiam que ele era o Messias.

## Cura de um leproso

Estava ele numa cidade, quando apareceu um homem cheio de lepra. Vendo a Jesus, caiu com o rosto por terra e suplicou-lhe: "Senhor, se queres, tens poder para purificar-me". Ele estendeu a mão e, tocando-o, disse: "Eu quero. Sê purificado!" E imediatamente a lepra o deixou. E ordenou-lhe que a ninguém o dissesse: "Vai, porém, mostrar-te ao sacerdote, e oferece por tua purificação conforme prescreveu Moisés, para que lhes sirva de prova".

A notícia a seu respeito, porém, difundia-se cada vez mais e acorriam numerosas multidões para ouvi-lo e serem curadas de suas enfermidades. Ele, porém, permanecia retirado em lugares desertos, e orava.

## Cura do paralítico e o perdão dos pecados

Certo dia, enquanto ensinava, achavam-se ali sentados fariseus e doutores da Lei, vindos de todas as aldeias da Galiléia, da Judéia e de Jerusalém; e ele tinha um poder do Senhor [e] para operar curas. Vieram então alguns homens carregando um paralítico num catre; tentavam levá-lo para dentro e colocá-lo diante dele. E como não encontravam um jeito de introduzi-lo, por causa da multidão, subiram ao terraço e, através das telhas [f], desceram-no com o catre no meio dos assistentes, diante de Jesus. Vendo-lhes a fé, ele disse: "Homem, teus pecados estão perdoados".

Os escribas e os fariseus começaram a raciocinar: "Quem é este que diz blasfêmias? Não é só Deus que pode perdoar pecados?" Jesus, porém, percebeu seus raciocínios e respondeu-lhes: "Por que raciocinais em vossos corações? Que é mais fácil dizer: Teus pecados estão perdoados, ou dizer: Levanta-te e anda? Pois bem! Para que saibais que o Filho do Homem tem o poder de perdoar pecados na terra, eu te ordeno — disse ao paralítico — levanta-te, toma teu leito e vai para tua casa." E no mesmo instante, levantando-se diante deles, tomou o catre onde estivera deitado e foi para casa, glorificando a Deus.

O espanto apoderou-se de todos e glorificavam a Deus. Ficaram cheios de medo e diziam: "Hoje vimos coisas estranhas!"

---

[e] Isto é, de Deus. Cf. At 2,22;10,38.

[f] O terraço palestinense de Mc 2,4 torna-se em Lc o telhado de uma casa greco-romana.

## Cura de um homem com mão atrofiada

Em outro sábado, entrou ele na sinagoga e começou a ensinar. Estava ali um homem com a mão direita atrofiada. Os escribas e os fariseus observavam-no para ver se ele o curaria no sábado e assim encontrarem com que o acusar. Ele, porém, percebeu seus pensamentos e disse ao homem da mão atrofiada: "Levanta-te e fica de pé no meio". E ele ficou de pé. Jesus lhes disse: "Eu vos pergunto se, no sábado, é permitido fazer o bem ou o mal, salvar uma vida ou arruiná-la". Repassando sobre todos eles um olhar, disse ao homem: "Estende a mão". Ele o fez, e a mão voltou ao estado normal. Eles, porém, se enfureceram e combinavam o que fariam a Jesus.

## O endemoninhado epilético

No dia seguinte, ao descerem do monte, veio ao seu encontro uma grande multidão. E eis que um homem da multidão gritou: "Mestre, rogo-te que venhas ver o meu filho, porque é meu filho único. Eis que um espírito o toma e subitamente grita, sacode-o com violência e o faz espumar; é com grande dificuldade que o abandona, deixando-o dilacerado. Pedi a teus discípulos que o expulsassem, mas eles não puderam." Jesus respondeu: "Ó geração incrédula e perversa, até quando estarei convosco e vos suportarei? Traz aqui o teu filho." Estava ainda se aproximando, quando o demônio o jogou por terra e agitou-o com violência. Jesus, porém, conjurou severamente o espírito impuro, curou a criança e a devolveu ao pai. E todos se maravilhavam com a grandeza de Deus.

## Cura em dia de sábado

A certo sábado, ele entrou na casa de um dos chefes dos fariseus para tomar uma refeição, e eles o espiavam. Eis que um hidrópico estava lá diante dele. Tomando a palavra, Jesus disse aos legistas e aos fariseus: "É lícito ou não curar no sábado?" Eles, porém, ficaram calados. Tomou-o então, curou-o e despediu-o. Depois perguntou-lhes: "Qual de vós, se seu filho° ou seu boi cai num poço, não o retira imediatamente em dia de sábado?" Diante disso nada lhe puderam replicar.

(In: *A Bíblia de Jerusalém - Novo Testamento* - Edições Paulinas, São Paulo, 1976.)

---
° "seu filho", var.:"seu amo".

## A ARTE DE VIVER

SÊNECA (Lucius Annaeus) - Orador, filósofo e escritor, nascido em Córdoba. Muito cedo foi para Roma, onde estudou. Escreveu várias obras em verso e prosa, tais como tratados filosóficos, tragédias e epístolas morais. Foi preceptor e conselheiro de Nero, escrevendo para este *O Tratado da Clemência*, a fim de prepará-lo para ser o futuro soberano de Roma. A data de seu nascimento é discutida por alguns. (1 a.C. - 65 d.C.)

> *Abandonando o corpo e o espírito a um repouso absoluto, de tempos em tempos, ganhamos forças admiráveis.*

## A ARTE DE VIVER

# Autoterapia

### *Hermógenes*

De início é preciso entender que não estou propondo um *tratamento para vencer doenças*. Isto já existe. O "método" é um *treinamento para obter saúde*. Tratamento implica passividade do paciente. Treinamento exige auto-engajamento, auto-responsabilidade. Isto faz uma diferença enorme e gera conseqüências muito importantes.

Por ser um *treinamento* e não um *tratamento*, o "método" elimina a figura do *paciente*. Etimologicamente e efetivamente, paciente é aquele que *(passivamente)* recebe a ação do médico ou terapeuta. O praticante de *Yôga* não pode ser visto como um *paciente* a dizer "tratem de mim". Tem de ser visto como um *agente*, um *atuante*, a agir, a atuar em si mesmo e sobre si mesmo. É ele autor e também credor da ação terapêutica. A responsabilidade é dele. Um jovem a planar sobre matas e rios, manobrando sua asa-delta, exemplifica o que quero dizer sobre autoterapia. Ninguém pode manobrar por ele. Voar ou cair dependem do que ele fizer certo ou errado. Em livros, em aulas, em seminários faço questão de motivar cada um a assumir a responsabilidade por sua própria saúde, mas também ensino os meios, as técnicas, os princípios e as normas a ser para isto utilizados.

Um bom professor de *Yôga* é o profissional que mais justifica ser chamado *doutor*. Esta palavra vem do latim *docere*, que significa ensinar. Doutor é exatamente aquele que ensina alguém a, por seus próprios meios e providências, conquistar e manter sua saúde. Aos que me agradecem auspiciosas mudanças em suas vidas, só tenho a dizer que não sou eu quem merece receber tais agradecimentos, mas, em primeiro lugar, Deus, e, em segundo, cada um em si. Jamais virei a ser alvo de críticas por parte de médicos por jactar-me de ter curado esta ou aquela doença de tal ou qual paciente. Tenho dito e sempre direi: *eu não curo; cada pessoa cura a si mesma.*

Uma proveitosa conseqüência imediata deste aspecto do "método" acontece quando o praticante — constatando que está melhorando, superando seus antigos limites, removendo bloqueios, aliviando sintomas — se ilumina com uma autoconfiança que antes lhe faltava. E aí um abençoado *círculo virtuoso* substitui o anterior *círculo vicioso*, que o encarcerava e torturava. É tão emocionante e abençoado como o alvorecer de um lindo dia de libertação.

(In: *Saúde Plena; Yogaterapia*, Hermógenes, Record/ Nova Era, Rio de Janeiro, 1993.)

## A ARTE DE VIVER

SHAKESPEARE (William) - Dramaturgo e poeta inglês, nascido em Stratford-on-Avon. O conhecimento sobre sua vida é escasso, dando origem a algumas versões desencontradas. É considerado o maior dramaturgo de todos os tempos. Shakespeare deixou dezenas de obras: poesias, tragédias e comédias. Entre as mais famosas figuram *Otelo* e *Romeu e Julieta*. (1564 - 1616)

> O perdão cai como uma chuva suave do céu na terra. É duas vezes bendito: bendito ao que dá e bendito ao que recebe.

## A ARTE DE VIVER

# Musicoterapia

*Mark Bricklin*

Quase todos nós estamos familiarizados com o relaxamento e o descanso emocional que tocar ou ouvir música pode proporcionar. Mas algo muito diferente é empregar a música para fins específicos de saúde.

Ao pensar no assunto, talvez você lembre de ocasiões em que a música o ajudou a esclarecer alguns problemas psicológicos ou a dormir mais depressa. Quando minha filha era pequena e cultivava um dos seus *hobbies* favoritos — chorar — ela era invariável e rapidamente tranqüilizada quando eu a deitava na cama e colocava na vitrola uma grandiosa sinfonia de Beethoven. Quando meu filho começava a berrar, conseguíamos sempre acalmá-lo carregando-o no colo e andando de um lado para o outro ao som alto da música rock que tocava no rádio.

Mas, ao analisarmos a literatura médica, é surpreendente encontrar tantos exemplos de melhora concreta de algumas situações clínicas sérias que pode ser obtida com a musicoterapia. Embora a aceitação pela medicina desse tipo de terapia tenha aumentado de forma notável nesta última década, não existe nada de especialmente novo em relação à cura pela música.

No século 6 a.C., Pitágoras considerava a música e a dieta os dois principais meios de limpar a alma e o corpo e manter a harmonia e saúde de todo o organismo. Mil anos mais tarde, na Europa cristã, a medicina e a música estiveram intimamente ligadas quando a Igreja assumiu os cuidados dos doentes e usou o cântico de orações como meio de terapia. E a música e a dança têm sido usadas como parte das artes curativas dos chamados povos primitivos em todo o mundo, há milhares de anos. De fato, a dança tribal periódica e ritualizada é tão comum em todo o mundo, com ou sem doença, que não se pode exagerar sua importância. É até mesmo muito provável que a dança vigorosa praticada por muitos povos durante muitas horas seja altamente eficiente em desenvolver os músculos (observe o balançar de cabeça que acompanha a maioria das danças tribais), proporcionando um valioso exercício para os que dele necessitam, induzindo um profundo relaxamento mental e físico e unindo os participantes em um contato social mais íntimo.

## A musicoterapia no tratamento da asma

Parece que hoje a maioria dos médicos está mais interessada em doenças do que na saúde total do indivíduo (quanto menos na saúde da unidade social!), assim, é natural que a pesquisa sobre musicoterapia se concentre em suas aplicações a condições de doenças específicas. Um dos relatos mais impressionantes é o do dr. Meyer B. Marks, cujo trabalho o levou a recomendar que crianças asmáticas sejam incentivadas a tocar instrumentos de sopro quando entram para o 1° grau escolar. O dr. Marks, diretor da Clínica de Alergia Pediátrica do Jackson Memorial Hospital, Miami, Flórida, diz que tocar um instrumento como clarinete ou oboé melhora a função pulmonar de uma criança asmática e reduz o progresso da doença.

Um estudo de dois anos de trinta crianças asmáticas entre as idades de oito e catorze anos revelou, diz ele, que as quinze que tocavam instrumentos de sopro apresentavam uma acentuada melhora clínica — física e mental — sobre as outras quinze. A capacidade dos seus pulmões e outros sinais de saúde pulmonar apresentaram uma evidente melhora. Houve uma redução visível na deformidade conhecida como tórax em barril, em cinco crianças que tocavam seus instrumentos com maior aplicação. Uma condição conhecida como *pectus canuatam* (peito de pombo), na qual o esterno é exageradamente saliente, desapareceu quase completamente em dois meninos após alguns anos de prática do instrumento. Uma observação a longo prazo de uma menina de doze anos com um caso de asma severa e um esterno achatado revelou que seis anos mais tarde — ao se tornar musicista na universidade de Miami — ela já não apresentava qualquer deformidade visível do tórax e sua asma já não podia ser considerada incapacitadora.

Um trabalho anterior realizado no National Jewish Hospital, de Denver, Colorado, demonstrou que quando crianças asmáticas participam de atividades musicais regulares, elas aumentam a resistência, desenvolvem a força muscular e melhoram sua postura e seu controle respiratório. As crianças menores começam participando de brincadeiras como cirandas, às quais o professor introduz ritmos variados.

Uma vez adaptadas a esses ritmos, elas passam a brincar com tambores, xilofones e instrumentos semelhantes. Além dos aspectos de saúde do programa, essas crianças com doenças crônicas estão aprendendo também que são capazes de criar, realizar e competir com outras crianças, apesar da doença.

## Música para mentes conturbadas

A enfermidade mental talvez seja a área médica que melhor tenha usufruído da musicoterapia. Este sucesso parece estar relacionado ao fato de que a música pode oferecer o único meio seguro e aceitável de comunicação para uma pessoa emocionalmente enferma. Como a música é um meio não-verbal de comunicação, ela pode ajudar a pessoa a liberar sentimentos e emoções há muito reprimidos. A terapia pode tomar qualquer forma necessitada pelo indivíduo. Ele pode tocar um instrumento, analisar ou discutir música ou envolver-se em movimentos físicos como os da dança. Existem numerosos relatos na literatura científica de casos de pacientes que responderam muito bem à musicoterapia: Paul Nordoff, diretor de música do Departamento de Psiquiatria Infantil da Universidade de Pensilvânia, publicou em 1965 o livro *Music Therapy for Handicapped Children* (Rudolf Steiner Publications, Fort Lee, N. J.), no qual relaciona numerosos casos em que simplesmente incentivando crianças perturbadas a bater tambor enquanto ele (Nordoff) tocava piano, obteve bons resultados. Crianças autistas e com outros distúrbios mentais responderam bem quando esta forma de musicoterapia foi acrescentada ao seu tratamento geral.

O simples fato de *ouvir* música pode produzir notáveis efeitos terapêuticos. Em 1964, a imprensa médica informou que um ginecologista holandês, o dr. T. L. A. De Bruine, usava música clássica para ajudar mulheres nervosas e assustadas a superar o medo e a dor durante o parto. Após experimentar diferentes tipos de música, o dr. De Bruine descobriu que a música clássica — do tipo melodioso e sereno — era a que mais estimulava a paciente a entrar num mundo de fantasia que a afastava de uma situação assustadora. Para superar a sensação de fadiga, era usada ocasionalmente uma música com caráter rítmico.

O dr. De Bruine diz que seu repertório consistia das seguintes peças: *Abertura de Egmont* e *Sinfonia Pastoral* de Beethoven; *Eine Kleine Nachtmusik*, de Mozart; as *Pólonaises*, de Chopin, assim como seus prelúdios e mazurcas; a *Rapsódia Húngara n° 2* de Liszt; a *Sinfonia n° 8* de Beethoven (apenas as duas primeiras partes); e o concerto *Brandenburgo n° 2* de Bach. Segundo o dr. De Bruine, a musicoterapia revelou-se eficaz em pelo menos quatro de cada cinco casos; mas ele lembra que a terapia não foi usada em todos os casos — apenas em situações em que a mulher começava a chorar, ficava muito inquieta ou sentia muita dor. A música era usada nesses casos em lugar do sedativo.

Curiosamente, existem casos raros em que a música pode prejudicar uma pessoa. Mas também nesses casos a cura é a música, usada numa espécie de processo de descondicionamento. Em 1965, o dr. Francis M. Forster, do Departamento de Neurologia do Centro Médico da Universidade de Wisconsin, em Madison, relatou um caso interessante de epilepsia musicogênica — um ataque provocado pela música. O tipo de música que provoca o ataque varia de pessoa para pessoa. No caso relatado pelo dr. Forster, a música "nociva" foi o tipo de música popular sensual da metade da década de 30, derivada da música de Debussy e Sibelius. Neste caso, já fazia dezoito anos que o paciente tinha ataques quando exposto a um tipo de música. Os ataques não eram ataques epilépticos completos, o paciente experimentava a aura pré-epiléptica que "consistia em dormência e formigamento generalizado e o fenômeno do *"déjà vu"*. Os padrões elétricos do cérebro também tornavam-se acentuadamente anormais quando a exposição à música era suficientemente longa; às vezes ocorria "um ataque do tipo psicomotor".

Com o objetivo de curar o paciente, o dr. Forster começava tocando versões muito simples da canção *Stardust* e prosseguia tocando a música em muitas combinações de instrumentação, acrescentando gradativamente o elemento sensual que tanto perturbava o paciente. Finalmente, após inúmeras versões e repetições, o paciente ficava completamente dessensibilizado e podia ouvir qualquer tipo de música sem perder o controle.

Um outro tipo de uso da música foi descrito num artigo publicado na revista *Dental Abstracts*, em 1965. Dois grupos de vinte pacientes ortodônticos com idades que variavam entre 10 e 22 anos foram estudados para se determinar os efeitos da música de fundo sobre suas tensões emocionais enquanto eram tratados pelo ortodontista. Um grupo foi submetido a tratamento de maneira convencional, enquanto o outro grupo ouvia música de fundo durante o tratamento. De acordo com a resposta galvânica da pele, que mede a tensão emocional, o grupo tratado com música estava muito mais relaxado do que os que só ouviam o som da respiração do dentista. O tipo de música indicado é a música baixa e monótona.

(In: *Cura Natural*, Mark Bricklin, Círculo do Livro, São Paulo, 1983.)

# A pirâmide da alimentação saudável

Esta pirâmide fornece recomendações-padrão para uma alimentação saudável e equilibrada, assegurando-lhe todas as vitaminas, minerais, proteínas, glúcidos e gorduras que precisa. Este plano alimentar deve ser seguido por toda a família, a não ser que haja alguém com restrições alimentares específicas (diabéticos ou alguém que sofra de hiperlipidemia familiar). As crianças com menos de 5 anos precisam consumir leite e produtos lácteos com gordura.

**Os alimentos açucarados e gordos** devem ser consumidoss em quantidades muito pequenas. Use apenas gorduras insaturadas. Evite bolos e doces.

**Os alimentos proteicos** devem ser consumidos duas ou três vezes por dia, mas limite a carne e os frutos oleaginosos. O feijão, as lentilhas e o peixe gordo são preferíveis.

**Leite e produtos lácteos -** consuma duas a três doses de produtos lácteos magros por dia para obter cálcio, proteínas e outros nutrientes importantes.

**Frutas e legumes -** Coma, pelo menos, cinco doses de fruta e legumes por dia para obter vitaminas, minerais e fibras. Faça a sua escolha entre fruta fresca, congelada, enlatada e seca e sucos de fruta.

**Alimentos ricos em amido -** incluindo pão, cereais de café da manhã, massa, arroz e batatas — devem ser consumidos seis a sete vezes por dia. Escolha variedades de farinha integral sempre que possível.

(In: *Tratamentos Naturais, Saúde e Bem-Estar*-Vol. 2 - *O Seu Coração*, Reader's Digest, 1997.)

## A ARTE DE VIVER

# Psicanálise

*Nova Enciclopédia Barsa*

A imagem de uma pessoa que, deitada num divã, conta seus problemas pessoais a um psicanalista, representa uma situação na qual o paciente tenta descobrir por si próprio a origem das angústias, fobias ou inseguranças em sua história de vida e o analista desempenha o papel de instância estimuladora e alvo de transferência.

Psicanálise é a ciência dos processos mentais inconscientes. Constitui ao mesmo tempo um método para a investigação dos processos mentais, de outro modo inacessíveis; uma terapêutica, a psicoterapia, para tratamento das desordens neuróticas; e um arcabouço de concepções psicológicas estruturado a partir das duas práticas anteriormente citadas para constituir uma disciplina científica. A psicanálise pode ser entendida como uma técnica de interpretação.

A doutrina psicanalítica foi criada no final do século 19 pelo médico austríaco Sigmund Freud, cuja preocupação inicial foi a de descobrir como minorar o sofrimento causado pelos distúrbios emocionais. Em lugar de aceitar que se devia amortecer esse sofrimento mediante a prescrição de remédios, procurou descobrir quais fenômenos estavam em sua gênese. Concluiu que o desejo era o que estava encoberto, e constatou também que a manifestação dessa verdade provocava efeitos positivos sobre os sintomas, principalmente sobre o sofrimento, cuja causa é o desconhecimento do desejo. Ou seja, a revelação do desejo reprimido eliminava o sofrimento.

Baseado nas investigações de Josef Breuer, bem como nas de Jean Martin Charcot e Pierre-Marie-Félix Janet, sobre a aplicação de catarse hipnótica em pacientes com traumas psíquicos e morbígenos, Freud supôs que o sintoma histérico poderia ser o substitutivo de um ato mental omitido ou uma reminiscência da ocasião em que o mesmo fora praticado. Apesar dos excelentes resultados advindos da terapêutica pela catarse hipnótica, rejeitou a inevitável relação de dominação estabelecida entre médico e paciente por essa técnica e, após amplas investigações, substituiu a hipnose por um método de livre associação de idéias, feita espontaneamente pelo paciente em estado de vigília. Com isso, estavam lançadas as bases da psicanálise.

**Estrutura do aparelho psíquico.** A perspectiva de Freud centraliza-se na idéia do conflito. Distingue três regiões na estrutura do psiquismo, que não correspondem a zonas estritamente delimitadas: a consciente, a pré-consciente e a inconsciente. A região do inconsciente incluiria todos os processos e representações voluntariamente inacessíveis à evocação, embora permeáveis à análise. O pré-consciente cobriria todas as representações acessíveis, a qualquer momento, ao processo evocador. Por atuação da censura, as três instâncias se polarizariam e viriam a compor dois sistemas antagônicos, o sistema consciente-pré-consciente e o sistema inconsciente, este portador de certo grau de incompatibilidade com as representações e processos integrantes do sistema consciente-pré-consciente.

Inicialmente, Freud identificou o sistema consciente-pré-consciente com a instância do ego e conceituou o conflito como se opusesse esse sistema consciente-pré-consciente ao sistema inconsciente. Porém, em 1923, propôs outro esquema representativo do conflito, no qual distinguiu entre as instâncias do ego, do superego e do id. O id seria a zona dos impulsos instintivos; o ego, ou seja, a porção mais superficial do id, estaria sujeito a modificações por influência do meio exterior; e o superego, que domina o ego e representa a inibição dos instintos. Assim, a camada mais externa do ego agiria no plano consciente, enquanto as zonas profundas do id permaneceriam mergulhadas na inconsciência.

**Aspecto dinâmico das situações conflitivas.** A noção de conflito implica a existência de forças antagônicas. Essas forças logo se revelaram representadas, de um lado, pelas pulsões sexuais; de outro, pelo impulso de autoconservação do ego, vinculado às funções orgânicas (nutrição, respiração, etc.). Esse esquema permaneceu até 1915, quando Freud iniciou um processo de revisão e acabou por adotar o conceito de narcisismo. Desde então, a libido — emanada das pulsões sexuais — centraliza-se no próprio ego e dele deriva, parcialmente, para os objetos externos, de onde reflui para o ego. As funções de autoconservação e sobrevivência passam, então, a ser conceituadas como decorrências do investimento libidinoso do próprio ego. O conflito não aparece mais representado pela oposição entre pulsões sexuais, de um lado, e, do outro, pelo instinto de autoconservação do indivíduo. Revela-se então como expressão de uma mesma energia libidinal que se bifurca, centralizando-se em parte nos objetos e, em parte, investindo-se no próprio ego.

Em 1920, no entanto, Freud publicou *Jenseits des Lustprinzips (Além do princípio do prazer)*, com nova concepção dualista, que opõe de um lado as pulsões de vida e, de outro, as pulsões de morte. A idéia de um instinto de morte implica a presença — em todos os seres vivos — de um impulso que visa ao retorno ao estado inanimado. O impulso de morte visa à autodestruição. O instinto de vida será então o conjunto de forças que operam contra o processo de autodestruição. A libido, assimilada ao instinto de vida, teria por função neutralizar a tendência autodestrutiva. Freud destaca a freqüência com que comportamentos são repetidos compulsoriamente sem que haja vestígios de satisfação libidinal.

**Teoria da neurose.** O estudo das neuroses envolve dois aspectos básicos: o etiológico e o terapêutico.

Sobre o aspecto etiológico, ou seja, das causas das neuroses, Freud enfatizou as determinações de ordem psicológica, embora os fatores somáticos sejam reconhecidos em certos tipos de neuroses, especialmente as ditas atuais ou narcísicas. Considerou também que os fatores genéticos podem predispor as perturbações do comportamento.

Do ponto de vista terapêutico, a psicanálise interessa-se em remover as causas que determinam os sintomas. Visa ao desrecalcamento e à interpretação. O desrecalcamento realiza-se pela revivência e não por meio da simples rememoração das experiências traumáticas. As dificuldades que se observam no processamento do desrecalque exprimem o fenômeno da resistência.

*Resistência*. As experiências penosas e inaceitáveis sofrem um processo de repressão por parte dos escrúpulos e temores éticos, e são relegadas a áreas marginais e obscuras da consciência. Essas experiências recalcadas tentam exteriorizar-se, mas as forças conscientes não o permitem e estabelecem uma rigorosa censura sobre o que pode e o que não pode aflorar à consciência. Esse mecanismo denomina-se resistência. Os impulsos instintivos reprimidos conseguem, em muitos casos, burlar a censura por um processo de disfarce, como por exemplo um sintoma neurótico que o substitui ou simboliza. Para a interpretação na neurose, portanto, o que se propõe é a descoberta do que subjaz reprimido e se manifesta por intermédio dela.

*Tipos de neurose*. Freud classificou as neuroses em dois grupos: as atuais ou narcísicas e as transferenciais ou psiconeuroses. As primeiras se caracterizam pelo caráter somático. Como não são determinadas por fatores psíquicos, seus sintomas não comportariam interpretação, pois não teriam significado. A neurastenia, a neurose de angústia e a hipocondria constituem os três tipos de neuroses atuais ou narcísicas. As neuroses transferenciais podem ser significativas e curáveis pela técnica terapêutica da psicanálise. Caracterizam-se essas neuroses transferenciais por serem produzidas psicologicamente em função das experiências infantis e por serem significativas, isto é, por serem a manifestação de desejos recalcados. Suas formas são a histeria, a neurose de ansiedade e a neurose obsessiva.

**Teoria da sexualidade.** A originalidade de Freud se revela na teoria da sexualidade, principalmente na forma inversa com que a entendeu: em lugar de partir das fases inferiores do processo genético, tomou as formas superiores como ponto de partida. Examinou as fases que antes teriam sido vencidas, mediante o exame dos processos de regressão. Com essa técnica, determinou melhor a própria noção de sexualidade, fixou suas formas infantis e precisou o verdadeiro sentido das perversões, vendo nelas formas de um processo de regressão. Quanto à caracterização da sexualidade, Freud ampliou-lhe o significado em duas direções: (1) mostrou a presença de manifestações sexuais na infância; e (2) mostrou o caráter sexual de certas formas de conduta, aparentemente desvinculadas de significado sexual.

Essa incorporação de manifestações aparentemente não-sexuais à sexualidade foi, também, conseqüência da própria reestruturação do conceito de instinto. Para Freud, o instinto é o conjunto dos atos psíquicos necessários à realização de uma função fisiológica. O instinto visa à conservação do indivíduo ou à conservação da espécie e apresenta quatro características: (1) uma fonte; (2) uma finalidade; (3) um objetivo; (4) um impulso. A fonte é caracterizada como uma condição ou necessidade do corpo e sua finalidade é remover a excitação. O objetivo é aquilo que satisfaz uma necessidade. O impulso é a sua força. O instinto é conservador e regressivo, pois ao ser reduzida a sua tensão, volta o organismo ao estado de tensão anterior. Ao caráter cíclico do instinto, Freud denomina repetição compulsiva.

A sexualidade infantil tem, para Freud, duas fases básicas: (1) auto-erótica; (2) heteroerótica. A primeira é constituída da fase oral-sádica e da fase anal-sádica. Nesse período inicial, a libido se volta difusamente para o próprio corpo. A segunda fase, heterossexual, define-se como fálica e se caracteriza por uma fixação libidinal transitória denominada complexo de Edipo, que consiste na fixação da libido no genitor de sexo oposto, num sentido evidentemente incestuoso. A essas duas fases básicas sucede o período de latência, que termina na puberdade, quando a libido toma direção sexual definida e se instala a sexualidade genital.

Por motivos de ordem cultural, recai sobre os instintos sexuais a mais intensa repressão, mas, paradoxalmente, nesses casos os mecanismos repressivos tornam-se mais falhos e permitem o aparecimento de sintomas neuróticos.

*Transferência*. A teoria freudiana da sexualidade permitiu à psicanálise a formulação do conceito de transferência, mecanismo por intermédio do qual desejos inconscientes se atualizam no contexto da relação entre analista e analisando. A transferência é um dos principais instrumentos de trabalho da psicoterapia analítica, pois permite a repetição de protótipos infantis, vivida com sentimento de atualidade, facilitando a solução de traumas e conflitos neurotizantes. A possibilidade de evocação desse mecanismo prova que o adulto não superou a dependência infantil. Por meio da sugestão, o terapeuta induz o paciente a superar suas resistências internas e internas e trazer os conflitos à superfície.(...)

(In: *Nova Enciclopédia Barsa*, Vol. 12, vários autores, Encyclopaedia Britannica do Brasil Publicações, Rio de Janeiro/ São Paulo, 1997.)

## A ARTE DE VIVER

TAINE (Hippolyte Adolphe) - Filósofo, historiador e crítico literário francês, nasceu em Vouziers. Rigorosamente determinista, Taine acreditava encontrar na raça, no meio geográfico e social e no momento da evolução histórica os fatores capazes de explicar a produção artística, o desenvolvimento das funções mentais e os fatos históricos. Ficou célebre esta sua definição de arte: "Arte é a natureza através do temperamento". Principais obras: *Os Filósofos Franceses do Século 19* (1857); *Ensaios de Crítica e de História* (1858); *História da Literatura Inglesa* (1864) e *Filosofia da Arte* (1882).
(1828 - 1893)

> **Para gozarmos de boa saúde precisamos ter o espírito alegre, porque atraímos exatamente influências benéficas.**

## A ARTE DE VIVER

# O poder de cura do toque

### É o mais íntimo e mais poderoso dos meios de comunicação

*George Howe Colt*

Encolhido na incubadora do Centro Médico Jackson Memorial de Miami, Brandan Owens, com 11 dias, parece tão inacessível quanto *Branca de neve* no esquife de vidro. Brandan nasceu oito semanas antes do tempo, e agora pesa 1,8 quilo. Por isso, tem de viver nesse meio aquecido artificialmente. O próprio sistema subdesenvolvido ainda não consegue regular a temperatura do corpo.

A mãe de Brandan assusta-se quando Maria Hernandez-Reif, do Instituto de Pesquisas sobre o Toque da Universidade de Miami, coloca a mão pela portinhola da incubadora e começa a fazer massagem no bebê. A mão de Maria é maior do que as costas de Brandan; quando os dedos se movem para baixo com firmeza, a pele translúcida do bebê parece prestes a rasgar-se como papel de seda. Maria alisa-lhe o braço frágil como graveto. Aplica pressão suave — leve demais, fará cócegas; forte demais, causará dor.

Em vez de prejudicar a criança, a massagem pode ser-lhe essencial ao desenvolvimento, pois os recém-nascidos devem receber toques. Aliás, se Brandan for como a maioria dos bebês prematuros estudados no Instituto de Pesquisas sobre o Toque — importante centro científico dedicado a explorar os efeitos do toque sobre a saúde —, obterá benefícios realmente espantosos. Com três massagens por dia durante dez dias, ficará mais alerta, ativo e com melhores reações do que bebês do mesmo tamanho e estado que não recebem massagens. Poderá ter menos crise de apnéia, fator de risco para a síndrome de morte súbita do lactente. Deverá ganhar peso 47% mais depressa.

Enquanto as mãos de Maria se movem sobre o corpo mirrado de Brandan, ele aos poucos vai se descontraindo, aperta os lábios e estica as pernas, aparentando prazer. No final da massagem de 15 minutos, Brandan está tranqüilo, mas alerta.

## Necessidade primordial

Para um bebê, o estímulo tátil pode ser questão de vida ou morte. Michelangelo compreendeu isso: quando pintou Deus estendendo a mão para Adão no teto da Capela Sistina, escolheu o toque para representar a dádiva da vida. Desde o aconchego e as carícias entre mãe e filho — que formam o fundamento do ser —, até as mãos dadas do pai agonizante e filho — que permitem a despedida final —, o toque é nosso meio de comunicação mais íntimo e poderoso.

O efeito do toque, mesmo fortuito, já foi observado em vários estudos. Em um deles, as garçonetes que tocavam na mão ou no ombro dos fregueses ao dar o troco recebiam gorjetas mais generosas. Talvez por isso políticos acreditem que se introduzir no meio do povo para ter contato pessoal dá bons proveitos no dia da eleição.

## Remédio ou tolice?

A idéia de que o toque pode curar é antiga. Os primeiros registros escritos sobre massagem — o termo vem de uma palavra árabe que significa toque — datam da China, há 2.500 anos. O desenho em baixo-relevo no túmulo de Ankh-ma-hor, sacerdote egípcio de 2200 a.C., representa um homem sentado recebendo o que algum historiadores interpretam como fricção no pé, ou massagem. Hipócrates, físico grego conhecido como pai da Medicina moderna, era adepto da massagem no século 4 a.C. Escreveu: "O médico deve conhecer muitos assuntos e certamente a arte médica da fricção".

Nos Estados Unidos do século 20, a massagem muitas vezes foi considerada disfarce para a prostituição. No entanto, nos últimos anos vem reconquistando posição de respeito e goza hoje de popularidade sem precedentes. Os americanos fazem 75 milhões de visitas a mais de 120 mil massagistas por ano.

E a ciência confirma o que já sabiamos no íntimo — que, conforme diz o psiquiatria James Gordon, "massagem é remédio". No instituto, a psicóloga Tiffany Field dirige uma equipe de 28 estudantes, voluntários e terapeutas massagistas, e colabora com pesquisadores das universidades de Miami, Duke e Harvard. Mais de 50 estudos do instituto, muitos ainda em execução, mostram que a massagem pode ter efeitos positivos em estados que vão da cólica à hiperatividade, à diabetes e à enxaqueca. Pode ajudar asmáticos e respirar melhor, aumentar a capacidade de concentração de crianças autistas e acalmar vítimas de queimaduras prestes a sofrer o desbridamento, processo doloroso de remoção de pele contaminada.

"No princípio, eu pensava que era tudo tolice", diz o doutor C. Gillon Ward, diretor do Centro de Queimaduras Jackson Memorial, "mas passei a acreditar".

## Resistência tátil

Quando afirmamos que alguém nos toca emocionalmente, significa que a pessoa chegou ao âmago de nosso ser. O contato físico também vai além da pele, que é o maior órgão do corpo humano, com milhões de receptores — cerca de 8 mil só na ponta de um dedo — que enviam mensagens pelas fibras nervosas à medula espinhal e depois ao cérebro. Um simples toque — a mão no ombro, o braço em volta da cintura — pode reduzir o ritmo cardíaco e baixar a pressão arterial. Até pessoas em coma profundo podem apresentar modificações no ritmo cardíaco quando alguém lhes segura as mãos. O toque positivo, acalentador, parece estimular a liberação de endorfinas, os supressores de dor naturais do organismo. Isso pode explicar por que o abraço de mãe pode realmente "fazer sarar" o joelho ferido da criança.

Segundo pesquisas, a massagem ativa a função imunizadora — mesmo em pacientes com HIV positivo — e reduz os níveis dos hormônios do estresse: cortisol e norepinefrina.

Além disso, prematuros que haviam recebido massagem tinham alta do hospital cerca de seis dias antes — o que representa economia atual de 15 mil dólares cada um. Com 424 mil bebês prematuros por ano nos Estados Unidos e a possibilidade de economizar anualmente 6 bilhões de dólares, seria possível pensar que os berçários dos hospitais estivessem ávidos por criar programas de massagens. No entanto, esses programas ainda não estão sendo muito difundidos.

Talvez um dos motivos seja cultural. Os Estados Unidos são o que os antropólogos chamam de sociedade não-tátil. Comparados à maioria das culturas, os americanos são desconfiados quanto ao toque. Ao estudar a proporção de toques fortuitos entre casais nos cafés em todo o mundo, o psicólogo Sidney Jourard registrou a porcentagem mais alta em Porto Rico (180 vezes por hora). Uma das taxas mais baixas foi na Flórida (duas vezes por hora).

Tiffany descobriu que pais e filhos franceses se tocam três vezes mais freqüentemente do que os correspondentes americanos. No McDonald's em Paris e Miami, Tiffany observou que os adolescentes franceses apresentam número bem maior de toques casuais — apoiar-se no amigo, passar o braço em volta do ombro de outro. Os adolescentes americanos tendiam mais a brincar com anéis, estalar os dedos ou fazer algum outro tipo de auto-estímulo. "Os pais e mestres franceses são mais afetuosos fisicamente e as crianças, menos agressivas", diz Tiffany.

## Primeiro e último

Tiffany teme que os americanos não se toquem suficientemente, em especial nesse momento em que há maior preocupação com abuso sexual nas escolas e assédio sexual em locais de trabalho. Mesmo no pré-escolar, o toque tornou-se tabu. "As conseqüências para as crianças incluem efeitos importantes sobre o crescimento, o desenvolvimento e o bem-estar emocional", observa Tiffany.

No pré-escolar do instituto, seis andares abaixo do gabinete de Tiffany, os professores encorajam o "toque positivo". Distribuem à vontade abraços, fricções nas costas e tapinhas nos ombros. A maioria das crianças, dos 6 meses aos 5 anos, recebe massagem diária de 15 minutos, o que as deixa mais alertas, mais dispostas a reagir com sono mais profundo.

O tato é o primeiro sentido a se desenvolver no homem e pode ser o último a desaparecer. O instituto organizou estudo em que voluntários de mais de 60 anos recebiam três semanas de massagens e depois eram treinados para massagear criancinhas da pré-escola. O ato de fazer massagens revelou-se mais benéfico do que o de recebê-las: os idosos mostravam-se menos deprimidos e solitários, com níveis mais baixos de hormônios de estresse. Faziam menos consultas aos médicos, tomavam menos café e davam maior número de telefonemas sociais.

Madeline Chance, 80 anos, entraria em depressão com a morte do marido e a saída de casa dos filhos crescidos. Ao saber do estudo sobre massagem e idosos, inscreveu-se. Nunca tinha feito massagem, porém percebeu que aquilo a acalmava. Como a maior parte dos voluntários, gostou mais de fazer as massagens. "A pessoa sente falta de tudo isso — o toque", diz ela, tranqüila. Quando terminou o programa da pesquisa, Madeline continuou a massagear as criancinhas.

— Neném quer massagem? — pergunta a John, bebê de 7 meses.

John gorgoleja para ela. Madeline se debruça sobre a criança e alisa-lhe as costas com delicadeza. John, que estava irritado, vai sossegando aos poucos. Dá o sorriso desdentado e levanta os braços, como em êxtase. Madeline olha para ele e sorri. Evidentemente, estão se tocando.

(In: *Seleções (Reader's Digest)*, outubro/98, George Howe Colt, Reader's Digest Brasil, Rio de Janeiro, 1998.)

## A ARTE DE VIVER

R. STANGANELLI - Escritor, compositor e produtor musical. Tem mais de 21 livros e centenas de letras musicais publicadas. É um humanista e cientista social. Sua grande missão tem sido ajudar o ser humano a se auto-aperfeiçoar. Inspirado em Thomas Edison, fundou, em São Paulo, a União Universal dos Otimistas. (1931- )

"
Neste dia que amanhece, quero despertar com energias positivas e reunir todas as minhas forças, seguindo em direção ao meu objetivo e lutar até vencer.
"

## A ARTE DE VIVER

# Como vencer fobias por si próprio

*Dicionário de Medicina Natural*

Pesquisas recentes na Inglaterra sugerem que as vítimas de fobias podem, em muitos casos, curar-se a si próprias. Foram realizados testes em três grupos de pessoas que sofriam de fobias. O primeiro grupo recebeu terapia de exposição (confrontando os seus medos), sob a orientação do psiquiatra; o segundo grupo praticou a terapia de exposição auto-administrada; e o terceiro grupo recebeu instrução de um computador especialmente programado. A proporção de recuperações entre os três grupos foi similar e, mais tarde, as pessoas não tiveram dificuldade em manter o seu progresso.

Aqui está um guia para ajudá-lo a escapar das suas fobias. As técnicas não se adaptam a pessoas que bebem em excesso ou que tomam grandes quantidades de sedativos. Quem quer que sofra de ansiedade, asma, colite, distúrbios do coração ou úlceras pépticas deve procurar um médico antes de começar.

**1ª fase.** Registre por escrito qual a forma por que se apresenta a sua fobia. Por exemplo: "Eu fico assustado com gatos e não posso ficar no mesmo quarto com um". Se sofre de mais do que uma fobia, classifique-as pela seguinte escala: 0, você não evita a situação ou o objeto; 2, tem tendência para evitá-lo; 4, irá evitá-lo claramente; 6, irá evitá-lo marcadamente; 8, irá evitá-lo sempre. Depois, prepare-se para tratar a mais importante ou as mais importantes. Se for possível, obtenha auxílio de um parente ou de um amigo.

2ª fase. Escreva o que pretende conseguir. Por exemplo: "Eu vencerei os meus medos e visitarei amigos que têm gatos. Eu poderei até arranjar um para os meus filhos." Arrume um jeito de conseguir até duas horas por dia para tratamento. Lembre-se de que uma sessão de duas horas é mais eficaz do que quatro sessões de meia hora.

3ª fase. Exponha-se ao objeto ou à situação que mais receia. Imediatamente após cada sessão, registre por escrito a quantidade de medo que experimentou, de acordo com a seguinte escala: 0, nenhum receio; 25, medo ligeiro; 50, medo moderado; 75, medo intenso; 100, *medo total*. Discuta o seu progresso com um amigo e anote o que espera conseguir na próxima vez.

4ª fase. Escreva em fichas as sensações que tem quando leva um susto, tais como:
 a) Eu quero gritar ou fugir correndo.
 b) Eu fico gelado no caminho.
 c) Eu tremo.
 d) O meu estômago dá voltas.
 e) Não consigo respirar direito.
 f) O meu coração martela e bate depressa.

g) Sinto-me tonto quase desmaiando.
h) Começo a ter suores frios.
i) Sinto que vou enlouquecer.
j) Continue sempre com as fichas. Tome-as como referência quando entrar em pânico, para que elas o ajudem a confiar nas sensações, passando a fazer-lhes frente.

**5ª fase.** Dentre as seguintes táticas, escolha três que lhe pareçam capazes de ajudá-lo mais:
  a) Devo respirar devagar e firmemente, aprendendo a encarar as situações.
  b) Estou muito tenso. Contrairei e descontrairei os meus músculos até que gradualmente me sinta mais relaxado.
  c) Estou pensando nas piores coisas que poderiam me suceder. Talvez não sejam tão ruins, no fim das contas.
  d) Devo ficar aqui e suportar este pânico, mesmo que leve uma hora. Enquanto isso, quero experimentar o medo aberta e plenamente.
  e) Quero me afastar, mas sei que devo ficar aqui.
  f) Sinto-me péssimo. Poderia sentir-me melhor se pensasse em alguma coisa relaxante e agradável, como ficar deitado em uma praia sob o sol quente.
  g) Estas sensações são assustadoras, mas posso alterar o seu significado. O meu coração está batendo porque corri. Sinto-me tonto porque acabo de sair da cama.
  h) Estou aterrorizado, mas vencerei este sentimento no momento certo.
  i) Estou tão aflito, mas esta é uma coisa à qual me habituarei.

Escolha as suas três táticas e imagine que você está tomado por seu medo mais aterrorizador. Use a primeira tática para lidar com ele. Mantenha-a durante três minutos e depois repita, usando as outras duas táticas. Escreva o que aconteceu e como se sente. Com paciência, irá superar seus medos.

## Cinco regras de ouro

1. Lembre-se de que a ansiedade é desagradável, mas raramente prejudicial.
2. Não fuja de situações assustadoras.
3. Diga a si próprio que é capaz de enfrentar os seus medos.
4. Quanto mais tempo gastar confrontando os seus medos, melhor se sentirá.
5. Quanto mais cedo enfrentar os seus medos, mais cedo eles desaparecerão.

(In: *Dicionário de Medicina Natural*, Reader's Digest, Seleções, Rio de Janeiro, 1998.)

# Auto-ajuda na ansiedade

• Siga uma rotina diária. Fixe e mantenha as horas certas para o trabalho, para as refeições e para o lazer. Ser mais organizado o ajudará a sentir-se melhor.

• Adote uma atitude positiva. Seja tolerante para consigo próprio — mas não indulgente — e pense em soluções construtivas para os seus problemas em vez de se concentrar no sofrimento que eles lhe causam.

• Mantenha-se ativo e ocupado. Utilize o tempo livre em atividades relaxantes como a jardinagem e pratique ginástica, que, além de ser benéfica para a forma física, mantém as preocupações doentias afastadas do seu pensamento, pelo menos temporariamente.

• Tente ajudar os outros. Os seus próprios problemas em breve parecerão menos importante. Dedique toda a sua atenção àquilo que estiver fazendo. Por mais enfadonha que seja a tarefa, aprenda a valorizar o presente em vez de se preocupar com o futuro.

• Consulte o médico ou técnico de medicinas alternativas se sofrer de sintomas físicos. Assim, pelo menos o mal-estar físico não virá juntar-se à lista das suas preocupações.

Se conhece alguém ansioso demais, ajude-o a ser ativo e a pensar positivamente a respeito de si próprio. Ouça o seus problemas — sem encorajar a introspecção —, oferecendo afeto e dando soluções úteis.

(In: *Dicionário de Medicina Natural*, Reader's Digest, 1997.)

## A ARTE DE VIVER

# Os milagres de sua mente

*Dr. Joseph Murphy*

Existe atualmente no mundo inteiro um crescente interesse pelo tema da terapêutica mental. O homem está despertando pouco a pouco para as forças curativas que residem em seu subconsciente. É fato conhecido que todas as várias escolas de cura pelo pensamento têm obtido os resultados mais surpreendentes.

A explicação é que só existe um princípio universal de cura: A Mente subconsciente; e um só processo de cura: A convicção, ou fé.

Com muita razão *PARACELSO* declarou esta grande verdade: *Seja o objeto de sua fé verdadeiro ou falso, você obterá os mesmos resultados*.

É conhecido o fato de que várias curas se realizam em locais sagrados pelo mundo afora — no Japão, na Índia, na Europa e no continente americano. Se estudarmos cada caso, encontraremos dezenas de teorias, amplamente divergentes. Cada uma, porém, apresenta indubitáveis provas de cura realizada.

O observador conclui que, obviamente, deve existir um princípio marcante, comum a todos os casos. Independentemente de situação geográfica ou dos meios utilizados, há um só e único princípio, pois o processo de toda e qualquer cura *é a convicção*.

Em primeiro lugar, devemos recordar a dualidade de nossa Mente. O subconsciente está sempre receptivo, sempre ponto a curvar-se à força da sugestão. Além disso, tem o controle completo das funções, condições e sensações de nosso corpo.

Exemplificamos: um indivíduo em estado hipnótico pode ter febre alta, rosto congestionado ou arrepios de frio, de acordo com a espécie de sugestão que lhe é feita. Pode-se convencer o indivíduo de que ele está paralítico e ele não conseguirá dar um passo. Também se pode induzi-lo a sentir uma dor em qualquer parte do corpo. Se lhe apresentarmos um copo de água pura e dissermos: "É pimenta; cheire!", o hipnotizado começará a espirrar. Que pensa você que causou os espirros: a água ou a sugestão?

Se um alérgico a rosas estiver hipnotizado, você pode dar-lhe para cheirar uma flor artificial ou um copo vazio, dizendo-lhe tratar-se de rosas e ele apresentará imediatamente os habituais sintomas alérgicos. Isso indica que a causa da moléstia está na Mente — portanto, a cura da moléstia também se pode processar mentalmente.

Nós sabemos que notáveis curas são obtidas pela osteopatia, quiroprática, medicina e naturopatia, assim como pelas diversas religiões. Insistimos, porém, que todas essas curas são realizadas por meio da Mente — o único elemento curativo que existe.

Note como o subconsciente cura um talho que você dá no rosto ao barbear-se. Ele sabe exatamente como fazê-lo. O médico faz um curativo no ferimento e diz: "a Natureza se encarregará de curá-lo". Natureza, neste caso, significa lei natural, a lei do subconsciente ou instinto de conservação, que é função do subconsciente. O instinto de conservação é a primeira lei da Natureza, o seu instinto mais forte é a mais poderosa de todas as auto-sugestões.

Já vimos, portanto, como se pode provocar uma doença no próprio corpo ou no de outrem, pela sugestão, desafiando os instintos naturais. É perfeitamente natural e óbvio que a sugestão, em harmonia com auto-sugestão instintiva, teria força muito aumentada.

É, pois, mais fácil manter a saúde ou restaurá-la, do que provocar uma doença. A fé que traz a cura é uma certa atitude mental, uma forma de pensar, uma certeza íntima, uma expectativa pelo melhor.

Na cura de um mal orgânico, é desejável, naturalmente, conseguir a convicção paralela do consciente e do subconsciente. Não é, porém, essencial que a pessoa entre num estado de passividade e receptividade, relaxando a mente e o corpo até atingir a sonolência. Sabemos de casos de pessoas que negavam a matéria e o corpo e ainda assim foram curadas. Outras afirmavam a realidade do mundo, assim como a da matéria e de seu corpo. Essas também foram curadas.

O fato é que qualquer método, técnica ou processo que seja utilizado e produza modificação na mentalidade, que traga nova atmosfera mental, é suficiente e produzirá resultados. A cura é o resultado de uma mudança de atitude mental ou de uma transformação na Mente. Como disse PARACELSO, "Seja o objeto de sua fé verdadeiro ou falso, você obterá os mesmos resultados". Assim sendo, quer você creia no poder curativo de certas relíquias ou da água de certa fonte, os resultados virão, por causa da poderosa sugestão gravada no subconsciente. Este é que produz a cura.

O curandeiro, com suas feitiçarias, também cura pela fé.

Qualquer método que tire de você o medo e a preocupação, levando-o ao terreno da convicção e da esperança, terá resultados benéficos. A verdadeira cura científica pela Mente é obtida com a função combinada do consciente e subconsciente cientificamente dirigidos.

(In: *Os Milagres de sua Mente,* dr. Joseph Murph, Forense, Rio de Janeiro, 1971.)

## A ARTE DE VIVER

MONTESQUIEU - Seu nome é Charles Louis de Secondat, conhecido porém como Barão de Montesquieu e/ou Senhor de La Bréde. Escritor e advogado francês, filho de nobres, nascido em Bordeaux. Foi influenciado pelo pensamento filosófico iluminista, que veio a influenciar toda a sua obra. É considerado um inovador da ciência social e foi um crítico da sociedade francesa da época, satirizando-a em suas *Cartas Persas*. Escreveu muitos livros e alguns tratados. Entre suas obras encontra-se *Do Espírito das Leis*. (1689 - 1755)

> *Nunca tive um desgosto tão forte, que uma hora de leitura não tenha acalmado.*

## A ARTE DE VIVER

# Planejando seu futuro

*Dr. Walter Doyle Staples*

**Pelo que você mais quer ser lembrando quando se for?**

Isto é como escrever seu próprio epitáfio:

**"AQUI JAZO EU COM UM SUSPIRO, DESEJANDO TER FEITO ALGUMA COISA SIGNIFICANTE!"**

Você fica morto muito mais tempo do que fica vivo; assim, é importante usar o curto tempo de que dispõe da melhor maneira possível. Tome hoje a decisão de desenvolver sua área de excelência. Todos nós temos de começar em algum lugar. E é muito mais importante saber para onde você quer ir do que onde está ou onde esteve.

Considere a tabela da página ao lado, baseada em uma expectativa de vida de 70 anos, para ajudá-lo a decidir como passar o resto da sua vida:

| SE VOCÊ TEM | JÁ GASTOU | E AINDA TEM |
|---|---|---|
| 20 anos de idade = | 7.300 dias = | 18.250 dias |
| 25 anos de idade = | 9.125 dias = | 16.425 dias |
| 30 anos de idade = | 10.950 dias = | 14.600 dias |
| Meio Caminho = | 12.775 dias = | 12.775 dias |
| 40 anos de idade = | 14.600 dias = | 10.950 dias |
| 45 anos de idade = | 16.425 dias = | 9.125 dias |
| 50 anos de idade = | 18.250 dias = | 7.300 dias |
| 55 anos de idade = | 20.075 dias = | 5.475 dias |
| 60 anos de idade = | 21.900 dias = | 3.650 dias |
| 65 anos de idade = | 23.725 dias = | 1.775 dias |
| 70 anos de idade = | 25.550 dias = | Você os está gastando com sabedoria? |

A pergunta-chave é: *O que você quer fazer com o resto da sua vida?* "Não aja como se você tivesse mil anos para viver", alertava-se Marco Aurélio (121-180 A.D.), imperador romano.

Existem muitas pessoas que realizaram grandes feitos. Elas podem ter sido bem-sucedidas academicamente, profissionalmente e como pais. Podem ser ricas nos bens materiais que acumularam. Mas serão essas as medidas corretas para se aferir o seu sucesso relativo na vida? Ou existem outras considerações que podem ser mais importantes?

Considere o seguinte:

- O importante não é o que você realizou em seu benefício, mas o que realizou em benefício dos outros.

- O importante não é o que você realizou em relação aos outros, mas o que realizou em relação ao seu pleno potencial.

- O importante não é o que você faz na vida, mas o que leva os outros a fazerem.

Em que você realmente acredita? Qual é a importância de metas e causas meritórias para você? O dia de hoje, como qualquer outro, pode ser um novo começo.

(In: *Pense Como Um Vencedor*, dr. Walter Doyle Staples, Livraria Pioneira Editora, São Paulo, 1994.)

## A ARTE DE VIVER

BENJAMIN FRANKLIN - Estadista, editor, escritor, músico, filósofo, cientista e inventor norte-americano. Nasceu em Boston. É considerado, em determinados aspectos, o maior dos grandes homens do continente americano. O chefe revolucionário francês Mirabeau classificou-o como o filósofo que mais contribuiu para a expansão dos direitos do homem na Terra. Entre suas inúmeras realizações, foi o inventor do pára-raios; o primeiro a identificar os pólos negativo e positivo da eletricidade. É considerado o pai da hidrodinâmica. Fundou a primeira associação da América - a Sociedade Filosófica Americana. Uma de suas obras famosas é *Regras*. (1706 - 1790)

> **Ir para cama cedo e levantar cedo torna o homem são, rico e sábio.**

## A ARTE DE VIVER

# Terapia reichiana

*Dicionário de Medicina Natural*

O psiquiatra Wilhelm Reich (1897-1957) começou sua carreira como adepto de Freud, praticando psicanálise na cidade de Viena, na Áustria. Mais tarde, afastou-se da escola freudiana, mudou-se para Nova York e desenvolveu as idéias e os métodos hoje conhecidos como terapia reichiana.

Reich ampliou e depois afastou-se das opiniões de Freud, afirmando que, quando se reprimem e armazenam no inconsciente experiências e sentimentos assustadores ou dolorosos, isso pode provocar tanto tensões físicas como problemas psicológicos. Na sua opinião, certas práticas físicas podem aliviar essas tensões, liberando as emoções reprimidas.

Na terapia de Reich, o terapeuta ajuda a pessoa a tomar consciência da forma como a sua própria postura, a tensão muscular — designada como "armadura do corpo" — e os padrões respiratórios refletem as suas emoções mais escondidas. A terapia inclui muitas vezes a manipulação física, que tem por objetivo descontrair a armadura do corpo e aliviar a tensão — métodos que foram melhor desenvolvidos pela BIOENERGÉTICA.

Mais tarde, Reich incorporou a questão da sexualidade à sua teoria, sugerindo que os problemas psicológicos derivam de bloqueios da "energia do orgono", uma força vital associada à experiência do orgasmo. Mais tarde, o psiquiatra inventou um "acumulador de orgono", uma caixa sobre a qual as pessoas se sentavam supostamente para recuperar essa energia.

A maioria dos psicólogos e dos cientistas rejeitou a teoria e, após conflitos com as autoridades legais e médicas dos Estados Unidos, Reich foi preso por vender equipamento médico proibido e por contrariar a proibição de se publicarem as suas teorias. Morreu de um ataque cardíaco, na prisão. Muitas das suas idéias, contudo, são ainda hoje respeitadas, e alguns dos seus métodos vêm sendo retomados também.

(In: *Dicionário de Medicina Natural*, Vários Autores, Reader's Digest, Rio de Janeiro, 1997.)

## A ARTE DE VIVER

DOM HELDER CÂMARA - Religioso brasileiro, Dom Helder nasceu em Fortaleza, Ceará. Em 1952 foi eleito bispo auxiliar do Rio de Janeiro, onde criou a CNBB, Conferência Nacional dos Bispos do Brasil. Criou também a CELAN, Conferência Episcopal Latino-Americana. Em 1964, foi nomeado arcebispo de Olinda pelo Papa Paulo VI. Sua atuação contra o regime militar, durante os anos 60, repercutiu no exterior e rendeu-lhes vários prêmios internacionais. A sua pregação libertária e pelos direitos humanos passou, então, a ser feita em nível internacional. (1909 - )

> *O segredo para ser e permanecer sempre jovem, mesmo quando o peso dos anos castiga o corpo, o segredo da eterna juventude da alma, é ter uma causa a que dedicar a vida.*

## A ARTE DE VIVER

# Cosmoterapia

*Huberto Rohden*

A Alopatia reprime os sintomas mórbidos do corpo material.

A homeopatia elimina as desarmonias do corpo astral.

A cosmoterapia cura o homem integral.

Doença não faz parte do macrocosmo sideral, nem do microcosmo hominal.

A alma do Universo é perfeita saúde e sanidade.

Amigo, mantém harmonia com o Universo da tua alma, da tua mente, do teu corpo.

Mantém harmonia com o sistema planetário da tua natureza humana.

Põe no centro o sol do espírito e faze gravitar em torno dele os planetas dos teus sentimentos, pensamentos e emoções.

E teu Universo hominal cantará a sinfonia do Universo sideral.

Realiza a tua cosmoterapia!

E todo o caos das tuas angústias e moléstias será substituído pelo cosmos da saúde e felicidade.

Todas as tuas desarmonias têm início nos teus pensamentos.

O homem é aquilo que ele pensa no seu coração.

Quem pensa errado vive errado — quem pensa certo vive certo.

Teu pensamento é certo quando harmoniza com o teu Ser.

O teu Ser é o Espírito de Deus.

Tua consciência é a voz de Deus em ti.

Sintoniza o teu agir com o teu Ser — e estarás em sintonia com Deus.

Essa cosmoterapia te garante santidade, sapiência e sanidade.

Santidade da alma, sanidade da mente, saúde do corpo.

Para gozar dessa gloriosa cosmoterapia, dessa cura pelo espírito, deve o homem diariamente contatar o centro cósmico dentro de si mesmo, que os hindus chamam *Atman*, que Jesus chama Alma, e que os filósofos denominam o Eu verdadeiro.

Pela cosmomeditação alcança o homem a cosmoterapia.

E a saúde da alma dará saúde ao corpo.

A plenitude espiritual transbordará em abundância corporal.

Realizando o homem integral, o homem cósmico, o homem crístico.

(In: *De Alma para Alma*, Huberto Rohden, Editora Martin Claret, São Paulo, 1997.)

# Como se desenvolveu a auto-sugestão

Partindo de sua experiência de farmacêutico, Coué começou a interessar-se pelo papel da mente na cura das doenças. Aprendeu com os médicos que utilizavam a hipnose para ajudar as pessoas, e ele próprio levou a cabo algumas experiências. Dessas pesquisas tirou duas conclusões:

**1.** Que os efeitos curativos da hipnose não se deviam à habilidade do hipnotizador, mas a poderes preexistentes no inconsciente do hipnotizado — portanto, toda a hipnose era, em certo sentido, auto-sugestão.

**2.** Que os médicos prestavam excessiva atenção à vontade consciente e ignoravam o subconsciente, que, segundo Coué, era mais poderoso.

A auto-sugestão é uma técnica muito simples de hipnose que as pessoas podem aplicar a si próprias e que, segundo se crê, atua através da liberação de forças positivas inconscientes do corpo e da mente. O método de Coué baseia-se em uma forma de meditação que procura esvaziar a mente de pensamentos negativos, substituindo-os pela repetição de palavras ou frases positivas, como, por exemplo: "Estou melhorando todos os dias e em todos os níveis".

Aprender a auto-sugestão é simplesmente uma questão de praticá-la regularmente sozinho, de forma empenhada e em estado de relaxamento físico e psíquico. Escolha o momento e o lugar adequados e pratique todas as manhãs e todas as noites.

Comece por uma fase de meditação, tentando esvaziar a mente de todas as distrações, e concentre-se na fórmula de Coué, repetindo-a continuamente, seja em voz alta ou em silêncio. Cerca de 20 repetições é o suficiente em cada ocasião, mas o mais importante é praticar regularmente.

Você também poderá experimentar suas próprias frases, sem esquecer que sejam sempre em sentido positivo, na forma afirmativa, como por exemplo: "a dor está passando", "estou completamente tranqüilo", etc.

(In: *Dicionário de Medicina Natural*, Reader's Digest, 1997.)

## A ARTE DE VIVER

# Saúde do corpo e do espírito

*José da Silva Martins*

Se o homem luta, sacrifica-se em insano combate para ganhar dinheiro, por que não empreende uma luta mais justa e mais sábia, que é ganhar e conservar a saúde? Lembre-se de que, ao fim de algum tempo, não terá uma só célula, um só átomo dos que tinha antes. Tudo se renova. Pode o homem fraco e débil de hoje transformar-se no homem forte e sadio de amanhã. Pensemos no que nos diz a respeito o famoso astrônomo francês, Camilo Flammarion: *Ao cabo de algum tempo, não possuímos nem um grama do nosso corpo material que anteriormente possuíamos. Renovou-se completamente; e essa renovação opera-se igualmente em todos os animais e plantas.*

Do nosso pensamento, da nossa vontade depende a pior ou melhor renovação do nosso organismo. Da maneira como o alimentamos, da maneira como o exercitamos, será forte ou fraco.

Já que tantas células nascem e morrem diariamente em nosso corpo, esforcemo-nos para que as novas, que chegam, venham revestidas da plenitude da saúde, a fim de prolongar a nossa vida em **Sabedoria e Felicidade.** E esse desiderato se realizará se vivermos de acordo com as leis divinas e humanas.

A melhor homenagem que podemos prestar ao

nosso Criador é conservar o corpo em perfeita saúde e pleno de beleza. Diz o Cardeal Verdier: *A doença é uma ofensa a Deus. A saúde é o maior tributo que podemos prestar ao nosso Criador.*

Não há sacrifício que pague a obtenção da saúde, como pensa o grande Montaigne: *Nada mais precioso que a saúde. À sua conquista importa dedicar o nosso tempo, o nosso suor, toda a nossa vontade, porque sem ela a vida torna-se insuportável.*

A saúde do corpo obtém-se por uma pura alimentação, tomada sobriamente, por exercícios físicos e respiratórios, evitando-se trabalhos excessivos ou uma ociosidade doentia. A do espírito, *amar os outros como a si mesmo e não desejar para o seu semelhante o que não deseja para si.*

Uma educação consagrada somente ao espírito provoca discordâncias e fraqueza do corpo físico, afetando até o caráter, porque a alma não pode desenvolver suas qualidades mentais e espirituais num corpo débil e doente. Por outro lado, uma educação física exclusiva ocasiona falta de cultura intelectual e espiritual, entravando a harmônica evolução individual. A perfeita saúde, portanto, não se pode obter senão sintetizando em si os dados unificados da ciência e da religião, isto é, tratando do corpo e do espírito simultaneamente.

Louco é o homem que, tendo conquistado o suficiente para o seu conforto e dos seus, luta até o cansaço, até o desconforto, até o esgotamento da saúde, para acumular mais bens inúteis para ele e desavenças para os seus futuros herdeiros. Deixai de acumular. Sede sábios. Deixai a arena para que outros possam também obter a sua independência econômica.

Se importa evitar o *surménage*, o mesmo se dá

com a sedentariedade. Um e outra levam à decadência física e moral. Do primeiro, diz Schopenhauer: *Não é o homem que mata o homem, é a canseira*. Da segunda, afirma Pascal: *A natureza, está sempre em movimento; o repouso é morte*. No meio, está a sabedoria.

Temos, ao nascer, um certo capital vital, que chega ao máximo na adolescência. Se vivemos irregular e viciosamente, ele se gasta através de doenças, esgotando-se com a morte prematura. Se vivemos sábia e sobriamente, economizamos esse capital; e a saúde, a felicidade e a longevidade nos acompanham, como acompanham o autor desta obra.

Se o homem vive uma vida sadia, se tem suas forças vitais intactas, uma doença, um micróbio, que facilmente infeccionam uma criatura, derrubando-a, são facilmente repelidos por um organismo senhor de todas as suas forças vitais.

Consideremos, ainda, que o nosso pensamento tem uma enorme influência sobre a nossa saúde. Podemos atrair a saúde ou a doença segundo o nosso estado mental, afirma o pastor protestante William Elley Channing (1750-1842): *Há uma nobreza de espírito que cura melhor os doenças do que fazem os remédios. A imaginação pode salvar ou matar. Tem fechado chagas que nenhum bálsamo poderia curar; foi o pensamento que operou a cura sem auxílio de nenhum remédio*.

(In: *Sabedoria & Felicidade*, José da Silva Martins, Editora Martin Claret, São Paulo, 1993.)

## A ARTE DE VIVER

TAGORE (Rabindranath) - Poeta e filósofo indiano. Nasceu em Calcutá. Descendente de uma família tradicional e religiosa, manteve desde a infância contatos com a concepção panteísta dos Upanishad. Fundou uma escola filosófica (Voz Universal) que mais tarde se transformou em Universidade. Em 1913, recebeu o prêmio Nobel de Literatura, tornando-se mundialmente conhecido. Suas obras constam de trabalhos filosóficos, romances e peças e, mais acentuadamente, poesias. Uma de suas obras poéticas é *Canto do Crepúsculo*. (1861-1941)

**"**

Não chores por ter perdido o sol.
As lágrimas não te permitirão ver as estrelas.

**"**

## A ARTE DE VIVER

# Hidroterapia
## A saúde que vem das águas

*Dr. Márcio Bontempo*

A água é um dos principais elementos da natureza humana e da natureza da própria Terra. Assim, não é preciso dizer mais para que se compreenda o quanto ela é fundamental à nossa saúde, à nossa vida. Seus efeitos terapêuticos são conhecidos desde os tempos mais remotos. Segundo o Ayurveda, a medicina tradicional da Índia e a mais antiga de que se tem notícia, a água, como um dos cinco elementos da natureza, possui um tipo de energia vital chamado *prana* (que também se encontra na terra, no ar, no fogo e no éter).

Entre as qualidades do *prana* está a capacidade de energizar o organismo, tornando-o mais saudável e vibrante.

No Ocidente, já na Roma Antiga, os balneários ou termas (como eram mais conhecidos) ganharam um lugar de destaque na vida e na saúde dos cidadãos. E passaram para a história, não só como ponto de encontro obrigatório, uma espécie de "bastidor político", mas ainda como grandes monumentos arquitetônicos graças à sua beleza e a suas dimensões generosas. O mais famoso foi construído nos arredores de Roma, por Caracala, que governou o império romano entre os anos de 188 e 217. São as Termas de Caracala, cujas ruínas hoje nos deixam entrever o quanto esse balneário foi importante há quase dois mil anos atrás.

## Somos basicamente água

Oitenta por cento do organismo humano é água e sua reposição é vital para ele. Portanto, quanto mais pura e mais vitalizada for a água que ingerimos, tanto melhor será a qualidade da vida biológica como um todo.

Mas a água não é só para se beber; ela pode ser usada de diversas formas em tratamentos segundo uma técnica natural denominada Hidroterapia, agindo no combate às mais variadas doenças, a dores, distúrbios gerais da saúde, traumatismos e mesmo na esfera emocional.

Segundo o tipo de tratamento, os objetivos terapêuticos, a forma e o local de aplicação, a hidroterapia está dividida em duas aplicações básicas:

- hidroterapia para uso interno (ingestão de água comum; ingestão de águas minerais; clisteres).

- hidroterapia para uso externo (banhos, compressas, fricções e tratamentos com gelo, ou crioterapia).

## Banho: um ritual cotidiano de saúde

Costumamos realizar nossa higiene diária sem jamais nos darmos conta de que ela representa muito mais do que um hábito de limpeza. O banho diário pode ser, na verdade uma das melhores maneiras de se promover a saúde. No entanto, essa mesma falta de consciência e o uso indiscriminado de produtos químicos podem acabar transformando esse hábito saudável num prejuízo da própria saúde.

O banho quente e o uso de sabonetes e shampoos apenas perfuma a pele. Seu uso deve ser mais restrito, porque a ação detergente do sabonete retira da pele uma oleosidade invisível, rica em vitaminas importantes, entre elas a vitamina D. O calor da água muito quente dilata os poros e infiltra calor externo na pele. Além disso, pode-se provocar desequilíbrios térmicos ou a perda da resistência imunológica (provocando gripes e tosses) se, após o banho quente, nos expusermos ao vento, à chuva, ao ar condicionado, à friagem. Muitas pessoas sofrem de sinusites e corizas devido aos banhos quentes matinais.

Dependendo de cada organismo, do clima e de cada situação de saúde, o banho quente ou morno — pior se prolongado — pode causar mais danos do que se imagina. O ideal é um banho entre morno e frio, de preferência utilizando-se uma fricção feita com buchas naturais. Dessa forma, ativa-se a circulação da pele e provoca-se uma vasodilatação periférica, o que permite uma descarga de toxinas do sangue, realizando-se, assim, uma "higiene interna" também. Esse banho, mais natural, evita o choque térmico, pois traz o calor concentrado dentro do corpo para a periferia, protegendo melhor o organismo do frio ou do calor ambiental excessivo e melhorando muito sua resistência imunológica. O banho quente, ao contrário, não remove o calor interno excessivo, e até contribui para elevá-lo. O banho quente, de efeito relaxante, pode ser tomado à noite. Para a atividade diária, para estimular o organismo, para combater as gripes e resfriados, o banho frio, rápido e executado com fricção em todo o corpo, é muito mais saudável e natural. Pode-se ainda, após o banho tépido, passar para uma rápida ducha fria. Esta é uma alternativa para quem não se aventura ao "banho gelado" ou então, durante o inverno.

(In: *Medicina Natural*, dr. Márcio Bontempo, Nova Cultural/ Círculo do Livro, São Paulo, 1992.)

## A ARTE DE VIVER

LAMENNAIS (Félicité) - Escritor socialista francês, ordenou-se padre em 1816. Contrário à filosofia do séc. 18, tornou-se rapidamente profeta de uma Igreja intensamente abalada pela agitação revolucionária e líder de um catolicismo liberal. Perseguido e censurado pelo episcopado, rompeu com a Igreja em 1834. Isolado, entregou-se a um socialismo generoso e a um evangelismo que o tornaram muito popular. Autor de *Ensaio Sobre a Indiferença em Matéria de Religião* e *Palavras de Um Crente*, 1834. (1782 - 1854)

> **Repete sempre em voz alta: sou calmo, faço o que quero. Amo a vida como ela é, e luto, procurando diariamente bater os recordes.**

## A ARTE DE VIVER

# Filemon, um boticário grego*
## Jesus, o Médico Mestre

*Gibran Khalil Gibran*

O Nazareno era o Médico-Mestre do Seu povo. Nenhum outro homem compreendeu tão bem nossos corpos e seus elementos e propriedades.

Curou os que eram afligidos por doenças desconhecidas dos gregos e egípcios. Dizem que até chamou de volta os mortos à vida. E seja isso verdade ou não, basta para mostrar Seu poder; pois somente àquele que executou grandes feitos se atribuem feitos ainda maiores.

Dizem também que Jesus visitou a Índia e o País Entre Os Dois Rios, e que lá os sacerdotes Lhe revelaram o conhecimento de tudo quanto se oculta nos recessos de nossa carne.

Mas esse conhecimento pode ter-lhe sido dado diretamente pelos deuses, e não por meio dos sacerdotes. Pois aquilo que ficou oculto a todos os homens por toda a eternidade pode ser revelado a um homem em apenas um momento. E Apolo pode pousar sua mão no coração do obscuro e torná-lo sábio.

Muitas portas foram abertas aos tírios e aos tebanos; e também a este homem abriram-se portas

---

* O autor faz falar de Jesus, ficticiamente, um personagem que viveu no tempo do Mestre, neste caso um boticário grego.

seladas. Ele entrou no templo da alma, que é o corpo; e contemplou os espíritos maus que conspiram contra nossos nervos, e também os espíritos bons que tecem os fios desses nervos.

Parece-me que era pela força da oposição e da resistência que Ele curava os enfermos, mas de uma maneira desconhecida aos nossos filósofos. Espantava a febre com seu toque de neve, e ela se retirava; e surpreendia os membros endurecidos com Sua própria calma, e estes se curvavam a Ele e ficavam em paz.

Percebia a seiva enfraquecida dentro da casca enrugada — mas como conseguia alcançar a seiva com Seus dedos, não o sei. Percebia o sólido aço por debaixo da ferrugem — mas como libertava a espada e a fazia brilhar, nenhum homem pode dizê-lo.

Às vezes, parece-me que Ele ouvia o murmúrio de dor de todas as coisas que crescem ao sol, e que ele as levantava e sustentava, não somente pelo Seu próprio conhecimento, mas também revelando-lhes o poder de crescer e sarar que elas próprias possuem.

Todavia, não se preocupava muito com Seu poder de médico. Preocupava-se mais com a religião e a política deste país. E isso eu lamento, pois a primeira de todas as coisas de que necessitamos é ter um corpo são.

Mas esses sírios, quando são atacados por alguma doença, procuram antes um argumento do que um remédio.

E é pena que o maior de todos os seus médicos preferisse ser um fazedor de discursos na praça do mercado.

(In: *Jesus, o Filho do Homem*, Gibran Khalil Gibran, Editora Civilização Brasileira, São Paulo, 1965.)

## A ARTE DE VIVER

CERVANTES (Miguel de) - Escritor e poeta espanhol. Nasceu em Alcalá de Henares, Castilha. Participou de combates e foi herói de guerra, tendo perdido a mão esquerda com um tiro de arcabuz, num combate travado em Lepanto (Costa da Grécia). Escreveu muitas obras, e entre elas a obra-prima *D. Quixote*. Ao final de sua vida, recolheu-se a um mosteiro, integrando-se à Ordem Terceira de São Francisco. (1547 - 1615)

"
Come pouco e ceia menos ainda: a saúde de todo o corpo forja-se na oficina do estômago.
"

## A ARTE DE VIVER

# O poder da sugestão

*Dr. Walter Doyle Saples*

Para entender melhor como você foi programado, é importante conhecer o importante papel que a sugestão representa em sua vida. Elementos sugestivos estão presentes em todos os aspectos da vida diária. Você é influenciado por tudo aquilo que vê, escuta e lê e tudo o que experimenta. Você está literalmente cercado por um ambiente sugestivo — amigos, família, o lar, o local de trabalho, TV, rádio, jornais e revistas — que afetam de forma significativa seu modo de pensar e como se sente a respeito de si mesmo.

É este poder de sugestão, o impacto de todos esses fatores persuasivos, que foi mais influente para determinar a pessoa que você se tornou. A sugestão pode ser definida como:

1. A indução ou tentativa de induzir uma idéia, crença, decisão ou ação por meio de estímulos, verbais ou não, mas sem discussão.

2. O estímulo, normalmente de natureza verbal ou visual, pelo qual um agente procura despertar ação em outro evitando as funções críticas e integradoras.

Você está constantemente recebendo sugestões do seu ambiente externo e, na maioria dos casos, aceita essas auto-instruções como válidas. Infelizmente, ninguém tem tempo ou capacidade para testar tudo aquilo que encontra ou experimenta na vida por meio de uma avaliação crítica ou análise em profundidade. Caso você tentasse fazer isso, estaria reinventando todas as descobertas feitas na História antes de seguir em frente com sua própria vida. Por essa razão, você é forçado a aceitar "sem discussão" muitas coisas, a respeito de si mesmo e do seu mundo, em confiança cega e fé e, no processo, você dá credibilidade e poder às influências sugestivas em sua vida.

As sugestões são "autodadas" de duas formas diferentes. Elas podem fluir do consciente para o subconsciente, o que faz parte do processo de aprendizado, ou do subconsciente para o consciente, o que representa o pensamento habitual como um resultado de um aprendizado anterior. Em qualquer caso, as auto-sugestões têm um profundo efeito sobre as atitudes individuais e, por sua vez, um impacto dramático sobre o comportamento e o desempenho individuais. Considere, a partir do poema abaixo, o imenso poder que as *auto-sugestões* têm sobre você e como elas determinam a maneira pela qual continua a agir hoje (ênfase acrescentada; tradução livre):

### Sim, eu posso!

Se *você **pensa** que está* vencido, você está,
Se *você **pensa** que* não ousa, não o faz
*Se* você gostaria de vencer, mas **pensa** que não pode,
É quase certo que não vencerá.

Se você *pensa* que perderá, já perdeu,
Pois neste mundo constatamos
Que o sucesso começa com a vontade,
Que é tudo um estado de espírito.

Se você *pensa* que está superado, já está,
Você precisa *pensar alto* para subir
É preciso confiar em si mesmo
Antes de poder ganhar um prêmio.

As vitórias da vida nem sempre vão
Para o mais forte ou mais rápido,
Mas, cedo ou tarde, quem vence
É aquele que *pensa que pode!*

(In: *Pense como um Vencedor,* dr. Walter Doyle Staples, Livraria Pioneira Editora, São Paulo, 1994.)

# O aviso do estresse

É natural sentir estresse como parte da vida do cotidiano, mas se for demasiado é prejudicial à saúde. É importante identificar as fontes de estresse e encontrar maneiras de lidar com elas ou então de as tornar menos desgastantes. Por exemplo, tente ver o lado positivo da situação e ria-se em vez de se sentir zangado. Alguns psicólogos recomendam um exercício de "agir como se estivesse feliz", que tende a dissipar os sentimentos negativos.

## Uma fonte de estresse

Ficar numa fila à espera do ônibus ou do médico pode ser desgastante. Mas se decidir ver a espera como uma oportunidade agradável para descansar, refletir, ler um livro ou praticar um exercício de visualização, deixará de lhe provocar estresse.

(In: *Tratamentos Naturais, Saúde e Bem Estar* - Vol 2- *O Seu Coração*, Reader's Digest, 1997.)

## A ARTE DE VIVER

# Cromoterapia
## A cura de problemas orgânicos e emocionais pelo uso das cores

*Dr. Márcio Bontempo*

O uso das cores nos tratamentos de saúde é relativamente recente. Não existe registro histórico sobre a cromoterapia como uma técnica ou uma arte terapêutica bem organizada como acontece, por exemplo, com a fitoterapia (cura pelas ervas) ou a hidroterapia (tratamento pela água). Na história da medicina, temos notícia apenas de algumas formas isoladas de aplicações terapêuticas de uma ou outra cor, além de citações vagas e distantes, senão raras. Nos últimos trinta anos é que a cromoterapia vem se desenvolvendo mais organizadamente, graças à evolução da tecnologia e da ciência. Hoje já existem trabalhos muito interessantes sobre o assunto, desenvolvidos por grupos não exatamente ligados à medicina natural, mas sim a universidades, faculdades de psicologia, grupos de parapsicologia e psicotrônica. A União Soviética é pioneira neste campo e seus cientistas têm utilizado de forma regular as cores como um método de tratar problemas orgânicos e emocionais. Os adeptos da medicina natural têm muita simpatia pela cromoterapia e existem vários médicos naturalistas, inclusive no Brasil, que costumam aplicá-la com sucesso. Alguns deles não hesitam em considerar a cromoterapia como parte importante da medicina do futuro, devido à sua simplicidade, facilidade de aplicação e eficácia.

## Como as cores funcionam

Ninguém duvida que as cores exerçam uma influência específica, cada uma a seu modo, nas pessoas, nos animais e até mesmo nas plantas. Existem estudiosos que admitem uma espécie de campo vibratório emitido por cada uma das cores e suas tonalidades. Esse campo determinaria a sua influência por meio da modificação do padrão vibratório molecular do campo energético do ser vivo. Isso explicaria o fato de a cor influenciar e modificar até pessoas com os olhos vendados, sem contato visual com o padrão colorido. Os animais e as plantas estariam na mesma situação.

## A sensibilidade das plantas

Experiências interessantes já mostraram a sensibilidade das plantas aos sons e às cores. Elas crescem e vivem melhor em contato com músicas suaves e cores claras ou levemente estimulantes. Por outro lado, as plantas denotam sofrimento, crescimento retardado e até mesmo morrem com músicas agitadas, dissonantes, e com cores escuras, agressivas e artificiais (vermelho muito ativo, cores metálicas e psicodélicas). Algumas plantas, no entanto, como as daninhas e venenosas, costumam adaptar-se bem às cores mais agressivas e estimulantes.

## As duas teorias

Entre os psicólogos existe uma tendência a entender o efeito das cores como resultado da interferência do campo vibratório da cor no campo energético sutil (aura) dos seres vivos. Mas a teoria mais aceita é aquela que explica os efeitos das cores como resultado das modificações que estas provocam no sistema nervoso. O estímulo colorido, depois de captado pelos olhos, é conduzido ao cérebro e ali produzem transformações bioquímicas que resultam em sensações psíquicas e somáticas. Assim, surgiriam sensações como a leveza do branco, a suavidade e a alegria do amarelo, a profundidade do azul, a estimulação do vermelho. E também apareceriam modificações fisiológicas, como aumento ou diminuição da pressão arterial, alterações da freqüência cardíaca, aumento ou diminuição de cólicas e espasmos, etc. Esta teoria segue exatamente o caminho da ciência moderna em sua tendência organicista e material. É a teoria mais atraente, mas também a mais incompleta, pois não explica diversos mecanismos bioquímicos complexos relacionados aos efeitos das cores. Como também não explica os efeitos apresentados por animais, plantas e por pessoas com os olhos vendados submetidos a projeções fortes de focos luminosos coloridos.

## Atração e aversão

Todos nós temos uma ou algumas cores preferidas. As pessoas são mais atraídas por esta ou aquela cor porque se identificam com os seus atributos e a sua influência. Essas pessoas possuem na alma a mesma tônica vibratória daquela cor e buscam sempre, mesmo inconscientemente, o contato com ela. Existe também a rejeição a algumas cores, ou seja, a aversão ao que elas transmitem. A cromoterapia procura também expor o ser humano a determinada cor e sua influência com o objetivo de modificar alguma característica de sua personalidade. Como sabemos que o azul produz calma e tranqüilidade, podemos aplicá-la a uma pessoa irritadiça, explosiva e nervosa. Se estas características forem constantes nesta pessoa, o uso de roupas azuis tende a diminuir os seus problemas nervosos, ao passo que o vermelho tende a agravá-los.

Certas experiências têm demonstrado que pessoas expostas psicologicamente ao vermelho vivo apresentam elevação da pressão arterial e aceleração da respiração e das batidas cardíacas, devido ao efeito que a cor produz no sistema nervoso central. Isto é provocado pelo fato de o vermelho estimular o sistema nervoso central através do ramo simpático do sistema neurovegetativo. Já a exposição à cor azul tem efeito oposto. Ela age pelo ramo parassimpático do mesmo sistema neurovegetativo, produzindo ação calmante e tranqüilizante, fazendo com que a pressão arterial, a respiração e a freqüência cardíaca diminuam.

*As cores e a alma*

Não resta dúvida de que há um processo complexo que determina o efeito da cor no organismo — esse é um fato universal. As cores produzem influências específicas bem determinadas em qualquer pessoa, seja adulta ou jovem, homem ou mulher, doente ou sã. Também é universal o fato de uma pessoa ter predileção por uma determinada cor e identificar-se com as qualidades e com a influência orgânica e psíquica dessa mesma cor.

Muitos estudiosos afirmam que as cores atuam primeiramente na alma e depois no corpo. Senão, como explicar que pessoas com os olhos vendados sintam os mesmos efeitos? Os resultados somáticos determinados pela influência de uma cor se dariam por um mecanismo psicossomático ou por meio de uma ordem indireta. Exemplo: a diminuição dos batimentos cardíacos resultante de uma exposição ao azul seria provocada pela tranqüilização psíquica produzida antes, e não pelo caminho inverso (ou somato-psíquico) como querem os fisiologistas acadêmicos. Enquanto essas questões não forem bem resolvidas, o importante é que entendamos que os efeitos das cores sobre as pessoas são reais e aplicáveis em tratamentos tanto psíquicos quanto físicos, tanto em psicoterapia quanto na clínica médica.

(In: *Medicina Natural*, dr. Márcio Bontempo, Nova Cultural/Círculo do Livro, São Paulo, 1992.)

## A ARTE DE VIVER

HIPÓCRATES - Tradicionalmente considerado o fundador da medicina, Hipócrates nasceu na ilha grega de Cós. De família dedicada à prática da medicina e da magia, visitou o Egito, onde conheceu os estudos médicos atribuídos a Imhotep. Seu principal mérito foi a abordagem puramente natural das doenças e a recusa às interpretações mágicas e religiosas da época. Em sua concepção, existem quatro humores corporais responsáveis pelo equilíbrio saudável: a fleuma, o sangue, a bílis (bílis amarela) e a atrabílis (bílis negra). Essa concepção foi transmitida aos médicos medievais e seu espírito se manteve nas concepções médicas mais recentes. O juramento de Hipócrates, que resume sua ética, é ainda recitado nas colações de grau de estudantes de medicina. (460 a.C. - 377 a. C.)

> *A força natural da cura, existente em cada um de nós, é a maior força que dispomos para chegar à saúde.*

## A ARTE DE VIVER

# O segredo da cura pela fé

*Huberto Rohden*

É fato histórico universalmente reconhecido que as forças espirituais do homem curam doenças corporais e mentais. Jesus recomenda a seus discípulos essa terapia como normal e única, e todos os grandes mestres espirituais da humanidade afinam pelo mesmo diapasão.

Em que consiste essa cura pela fé?

Consiste simplesmente na firme convicção e profunda experiência de que o homem — tanto o curador como o curado — é, no seu íntimo ser, perfeita saúde e sanidade; que o seu verdadeiro Eu é o "espírito de Deus que nele habita", no dizer de São Paulo; que a íntima essência humana é idêntica à essência do próprio Universo, que é o próprio Deus.

Ora, é evidente e lógico que a essência de Deus e a alma do Universo não possam estar doentes; Deus e o Cosmos são perfeita saúde e sanidade.

Quem é que está doente?

Doente está algo que eu *tenho*, e não aquilo que eu *sou*; algo nas minhas periferias, no meu ego ou na minha *persona*, é que está desarmonizado — mas eu sou perfeita saúde e sanidade; porque eu, na minha essência, sou a essência de Deus e do Universo, que não estão nem podem jamais estar doentes.

A cura consiste, pois, em re-harmonizar o meu

ego externo com a harmonia do meu Eu interno; fazer o meu ego humano (*persona*) à imagem e semelhança do meu Eu divino (indivíduo).

Se eu conseguir essa re-harmonização, estarei curado.

Mas como realizar esse processo?

Aqui é que bate o ponto!

Antes de tudo, não basta *pensar*, nem simplesmente *querer* essa re-harmonização, porque tanto o pensar como o querer são do ego, que é fraco e está doente — doente não cura doente. É necessário que eu *viva* integralmente esse processo de re-harmonização — e essa profunda vivência é do meu verdadeiro e divino Eu, que não está doente, e pode, portanto, curar o ego doente.

Mas é precisamente aqui que terminam todas as teorias e técnicas. Aqui não há mestre nem discípulo — aqui deve atuar uma profunda e misteriosa vivência ou experiência da última realidade do próprio homem.

Por que é tão rara e tão difícil essa profunda vivência da verdade sobre o nosso verdadeiro Eu?

É porque o regime do nosso ego é multimilenar, da parte dos nossos antepassados, e conta com alguns decênios, da parte da nossa própria vida individual — e esse ego personal é visceralmente *separatista*: sente-se como algo separado do grande Todo divino-cósmico, e isto precisamente por ser "*persona*", palavra latina para "máscara". Assim como a máscara que o ator usa no palco para desempenhar o papel do rei, do ladrão, do assassino, etc., não é o seu verdadeiro indivíduo ou Eu, mas tão-somente o seu pseudo-Eu ou ego — da mesma forma o nosso ego representa um papel *separatista*, falso, quando a verdadeira natureza do homem é *in-*

*separatista* ou indivídua, isto é, *indivisa*, não-dividida, não-separada do grande Todo.

O separatismo permite doença — o in-separatismo exclui doença.

A transição da ilusão do separatismo, criado pelo ego, para a verdade do in-separatismo, criada pelo Eu — é nisto que consiste o último segredo da cura pela fé.

A cura pela fé é, na realidade, uma cura pela Verdade — assim como a doença vem da in-verdade, ou do erro.

Enquanto o ego separatista se mantiver nessa ilusão e nessa prepotência, e enquanto o Eu for vítima da sua impotência, nada vai acontecer; a doença continua, porque continua o erro. Só quando o Eu conquistar plena vitória sobre o ego, derrotando as trevas do erro com a luz da Verdade — então terminará a doença, porque a Verdade é essencialmente libertadora.

O exercício diário da meditação abismal, isto é, a intensa e diuturna focalização do verdadeiro EU SOU, ajudará a aplainar o caminho, enfraquecendo a ilusão do ego e fortalecendo a verdade do Eu.

Além disto, o que, não raro, é decisivo nesse processo é um grande *sofrimento*, porque o sofrimento, compreendido e espontaneamente aceito, possui uma extraordinária força purificadora e redentora; purifica-nos do erro e redime-nos para a verdade.

No dia e na hora em que eu aceitar plenamente a verdade sobre mim mesmo, serei curado de todas as minhas enfermidades, filhas da ignorância e do erro.

"Conhecereis a Verdade — e a Verdade vos libertará."

(In: *Ídolos ou Ideal?*, Huberto Rohden, Editora Martin Claret, São Paulo, 1995.)

## A ARTE DE VIVER

THOMAS CARLYLE — Historiador e ensaísta britânico, nasceu em Ecclefechan, Escócia. De família pobre, iniciou seus estudos numa escola local. Ingressou na Universidade de Edimburgo, onde dedicou-se à literatura e ao pensamento alemães. Foi tradutor de Goethe, Hoffman e Schiller. Seu primeiro livro de sucesso foi o romance humorístico *O Remendão Remendado* (1833). Sua principal obra é *Sobre os Heróis, o Culto do Heroísmo e o Heróico na História* (1841). Autor polêmico e muitas vezes contraditório, Carlyle defendia a recuperação dos valores espirituais diante do materialismo do século 19. Mais tarde tornou-se um conservador ferrenho, chegando a defender a escravidão nos Estados Unidos. (1795 - 1881)

❝

**O trabalho é uma grande cura para todas as calamidades e misérias que acometem a humanidade.**

❞

## A ARTE DE VIVER

# O efeito curador

*Marilyn Ferguson*

"Estou convencido de que existe algo que é o poder curador." Esta afirmação é de Jerome Frank em uma conferência realizada em Nova York sobre abordagens médicas alternativas. No entanto, ele levantou dúvidas quanto ao fato de que esse efeito possa vir a ser avaliado claramente no futuro próximo para plena aceitação dos cientistas ocidentais.

Na verdade, já existe algo como uma rede científica pela qual podemos entender uma ressonância curadora entre pessoas. O teorema de Bell, as teorias holográficas de Bohn-Pribram e outras propostas radicais oferecem um modelo de entendimento para a ligação entre as pessoas. A imagem do corpo como um campo receptivo à energia, predominante na filosofia oriental, coincide com a evidência de que os meridianos da acupuntura são uma realidade e que os *chakras* das tradições budistas podem verdadeiramente basear-se em fatos. Dolores Krieger, professora de enfermagem na Universidade de Nova York, demonstrou de forma elegante as modificações nos índices de hemoglobinas de pacientes tratados com uma espécie de "perscrutação", no qual profissionais realmente não tocam no corpo, mas tentam perceber as mudanças de campo — calor, frio, sensação de formigamento — quando suas mãos passam sobre determinadas regiões do corpo.

Há outro indício da existência de um efeito curador: padrões não-usuais de ondas do cérebro em pessoas que tentam curar, modificação nas enzimas, mudanças do EEG no "curando", inexplicáveis remissões de tumores e outras curas rápidas. O interesse médico é grande. O método de Krieger, por exemplo, tem sido ensinado em laboratórios de toque terapêutico que duram dias inteiros a milhares de pessoas por todo o país, enfermeiras em sua maior parte, e o próprio Krieger tem sido convidado por vários hospitais de Nova York para ensinar o método a todo o pessoal de enfermagem. São inúmeros os médicos que estão atualmente empregando métodos similares.

Curadores não-ortodoxos, como Rolling Thunder, Olga Worral, Paul Solomon e Jack Schwarz, ensinaram em escolas de medicina e fizeram demonstrações para médicos e estudantes de medicina. Embora o tratamento psíquico possa vir a demonstrar-se um complemento útil à medicina do futuro, é improvável que venha a se tornar o método principal de tratamento, por uma simples razão: um "curador" age de forma muito semelhante à de um médico, fazendo alguma coisa *para* o paciente. Xamãs — os curandeiros da América do Sul, por exemplo — dizem àqueles que tratam que podem influenciar os sintomas, mas que não podem modificar o processo interior que produz a doença. O sintoma pode desaparecer por algum tempo, mas freqüentemente a matriz mais profunda da doença não é modificada. Só o indivíduo pode efetuar a cura, a partir de seu interior.

Um estado favorável da mente com relação à cura traz benefícios específicos para o curador e para o relacionamento entre o terapeuta e o paciente. Um cientista britânico observou uma configuração particular de ritmos cerebrais na maior parte dos curadores espirituais que ele testou. (Na Inglaterra, existem milhares de curadores licenciados, aos quais é permitido trabalhar nos hospitais.) Um médico ansioso reclamou que o aparelho de ondas cerebrais não mostrava aquele padrão. Finalmente, o penalizado pesquisador comentou: "Imagine que você está prestes a tratar de um paciente. Você não dispõe de remédios nem de equipamento. *Você não tem nada a oferecer senão sua compaixão.*" Subitamente, a atividade das ondas cerebrais do médico se modificou, passando para o padrão de "estado de predisposição".

Robert Swearingen, ortopedista do Colorado, relata ter estado com um paciente em uma sala de emergência, com dores intensas devido a um ombro deslocado. O restante do pessoal da clínica estava atendendo a casos mais críticos, de modo que não lhe era possível chamar uma enfermeira para que administrasse tranqüilizantes e anestésicos.

> Naquele momento me senti dominado por uma sensação de impotência, de dependência tecnológica. Em parte para acalmar o paciente, em parte para reanimar a mim mesmo, me pus a insistir com ele para que relaxasse. De repente senti que o ombro caía — e pressenti que com a cooperação do paciente era possível para mim colocar o ombro no lugar, sem dor ou medicamento contra a dor.

A experiência mudou toda a carreira do ortopedista, não apenas porque desde então lhe era possível ensinar o procedimento indolor a quase todo mundo, mas também por ter descoberto a crucial importância do elemento humano na medicina. Ele verificou também que podia estabelecer um relacionamento não-verbal com os pacientes, uma espécie de "escuta" que conduzia ao diagnóstico intuitivo, além de qualquer coisa que lhe tivesse sido ensinado.

Um famoso psicólogo observou uma vez, de modo particular, que o *biofeedback* é o máximo em termos de efeito de placebo, um passo intermediário para os clínicos e pacientes tranqüilizados pela ciência "dura" que não tenham ainda percebido que toda a ação se dá em um cérebro suave e desaparece em um turbilhão de partículas quando inspecionada de perto. "Tudo está na imaginação", disse ele. Podemos ter aquilo que imaginamos e como imaginamos.

No século 16, Paracelso observou que os médicos de sua época "conheciam apenas uma pequena parte do poder da vontade". Ainda assim, em outro nível, nós sempre soubemos que se pode morrer de desgosto, que a tensão prolongada na mulher pode afetar o seu bebê antes do nascimento, que as pessoas idosas não atingem a senilidade se se mantêm com algum interesse na vida.

Os historiadores com certeza se maravilharão com as heresias nas quais mergulhamos, com as décadas recentes em que deixamos de olhar o espírito em nossos esforços de curar o corpo. Agora, ao encontrarmos a saúde, nos encontramos a nós mesmos.

(In: *A Conspiração Aquariana*, Marilyn Ferguson, Editora Record, Rio de Janeiro, 1973.)

# Manter-se jovem — o que se deve e o que não se deve fazer

- Faça exercícios durante 30 minutos, 3 a 5 vezes por semana.
- Faça uma dieta de alimentos frescos, principalmente crus, com quantidades significativas de vegetais e alimentos integrais, com ênfase em vitaminas e sais minerais.
- Não abuse de bebidas alcoólicas.
- Pratique técnicas de descontração ou relaxamento, como a meditação, para combater o estresse diário e promover bem-estar físico e mental.
- Dedique-se a um passatempo ou outro interesse que o mantenha física e mentalmente ativo logo que se aposente.
- Não coma demais.
- Não fume.
- Não tome medicamentos desnecessariamente.
- Não beba muito café, mesmo descafeinado, nem chá.
- Não se exponha ao sol durante muito tempo. Proteja-se com uma barraca ou chapéu e use filtro solar.

(In: *Dicionário de Medicina Natural*, Reader's Digest, 1997.)

## A ARTE DE VIVER

# A importância do riso (Risoterapia)

*Norman Cousins*

"O animal mais sofredor da terra inventou o riso."

Friedrich Nietzsche

O telefonema veio do correspondente da *Associated Press*, de sua agência em Chicago.

"Como você se sente sendo totalmente vingado?", perguntou ele.

Fiquei na mesma e lhe disse isso.

"Foi publicado um artigo, no último número do *JAMA (Journal of the American Medical Association)*, fornecendo a prova científica de que você estava certo quando dizia que a risada era de grande valia no combate à doença grave", continuou ele. "Trata-se de um artigo de pesquisadores médicos suecos cujos estudos demonstram que o riso ajuda o organismo a prover sua própria medicação. Deixe-me citar o artigo: 'Uma terapia baseada no humor pode melhorar a qualidade de vida de pacientes com problemas crônicos. O riso causa um alívio imediato dos sintomas nesses pacientes'."

"Já que foi extremamente criticado por alguns médicos quando seu artigo surgiu pela primeira vez no *New England Journal of Medicine*, você deve estar se sentindo muito feliz com essa constatação."

Naturalmente que fiquei feliz com esse artigo do *JAMA*. Em *Anatomy of an illness*, publicado pela primeira vez em 1976, eu relatava minha descoberta de que apenas dez minutos de boas gargalhadas me conferiam duas horas de sono sem dor. Já que minha doença era acompanhada de grave inflamação na espinha e nas juntas, tornando doloroso, até mesmo, o virar na cama, o valor prático da risada passou a ser uma característica importante do tratamento.

O Dr. William Hitzig, meu médico particular, ficara tão fascinado quanto eu pela clara evidência de que a risada poderia ser um analgésico potente. Ele testou essa afirmação, comparando meu índice de sedimentação, antes e depois de minha reação a situações jocosas em filmes e livros. O teste de sedimentação mede a intensidade da inflamação ou da infecção no organismo. Como meu índice de sedimentação era muito alto, qualquer redução seria bem-vinda. O Dr. Hitzig me informara que apenas alguns momentos de boas risadas haviam reduzido vários pontos em meu índice de sedimentação. O que ele achava mais interessante é que a redução permanecia e tinha efeito cumulativo.

Mais encorajador ainda era o fato de que a retração da dor vinha acompanhada do correspondente aumento na mobilidade. Naquela época, pouco se sabia a respeito da capacidade do cérebro humano de produzir secreções com moléculas que causam o mesmo efeito da morfina — as endorfinas e as encefalinas. Retrocedendo, à luz desse conhecimento, chego à conclusão de que a risada tinha talvez um papel importante na ativação da liberação das endorfinas.

Ao relatar essa experiência, tive muito cuidado em afirmar que não considerava o uso da risada como um substituto para o tratamento médico. Enfatizei também que, enquanto ria, procurava trazer à baila todo tipo de emoções positivas — amor, fé, vontade de viver, alegria, propósito e determinação.

É óbvio que o que funcionava para mim poderia não funcionar para todos. A pesquisa acumulada aponta para uma relação entre a risada e o aumento da imunidade, mas seria um erro verdadeiramente irresponsável sugerir que o riso — ou as emoções positivas em geral — têm valor universal e automático em quaisquer circunstâncias. As pessoas reagem de maneira diferente às mesmas circunstâncias. O que suscita o bom humor de alguém pode suscitar o mau humor de outro. O tratamento das doenças precisa ser cuidadosamente elaborado para cada paciente em particular.

Talvez seja natural, no entanto, que o papel do riso na recuperação tivesse causado tanto estardalhaço nos jornais. Fiquei surpreso com a forte impressão causada por esses relatos de que eu julgava o riso como um substituto para o verdadeiro tratamento médico. Na verdade, o motivo principal pelo qual resolvi escrever o artigo a respeito de minha doença no *New England Journal of Medicine* foi corrigir essa idéia errônea. Deixei claro que meu médico fizera parte integrante desse processo e ambos considerávamos a risada como uma metáfora para toda a gama de emoções positivas.

Talvez eu tivesse ficado bem menos na defensiva se eu soubesse, naquela época, o que sei agora.

Pesquisadores de mais de uma dezena de centros médicos têm investigado os efeitos do riso no corpo humano e já descobriram um grande número de mudanças benéficas — desde a intensificação da respiração até o aumento do número de células imunológicas que combatem as doenças. Inúmeras experiências têm sido realizadas, em grande número de seres humanos, mostrando que o riso contribui para uma boa saúde. Evidências científicas vêm se acumulando para conferir veracidade ao axioma bíblico que diz: "Um coração feliz faz tão bem quanto um remédio".

De todos os dons conferidos ao ser humano pela natureza, a risada gratificante deve estar nos primeiros lugares. A reação às incongruências é uma das maiores manifestações do processo cerebral. Sorrimos à vontade, ou mesmo rimos à larga, quando topamos com o comentário de Eugene Field a respeito de um amigo "que era tão pão-duro que não permitia que seu filho tivesse mais que um ataque de sarampo". Ou com a resposta de Leo Rosten quando lhe perguntaram se ele confiava em determinada pessoa: "Confiaria mais num coelho que tivesse de entregar um pé de alface". Ou, como ainda disse Rosten: "Vamos a algum lugar onde eu possa estar sozinho". Ou, com a definição de amor de Evan Esar: "Uma comédia de Eros". Esses exemplos de jogo de palavras ilustram a capacidade da mente humana de ir além da lógica e encontrar prazer no processo.

O fator surpresa é, com certeza, um importante ingrediente do humor. Os bebês sorriem com os movimentos bruscos ou com mudanças de expressão, mostrando que falhas nas seqüências de comportamento podem causar riso. À época do cinema mudo, Hollywood construiu um império com as acrobacias inesperadas de seus comediantes sem fala — Harold Lloyd balançando-se nos ponteiros de um relógio gigante, Charlie Chaplin enredado nas entranhas de ferro de uma esteira rolante, ou Buster Keaton correndo atrás de uma zebra.

Sempre me pareceu que o riso era a forma encontrada pela mente humana para lidar com o incongruente. A seqüência de nosso pensamento segue determinada direção e, de repente, muda de caminho em direção ao absurdo. O repentino rompimento do fluxo lógico exige liberação. Surge, então, a reação física conhecida como riso.

(In: *Cura-te pela Cabeça - A Biologia da Esperança*, Norman Cousins, Editora Saraiva, São Paulo, 1992.)

## A ARTE DE VIVER

BUDA (Siddartha Gautama) - Líder espiritual do Oriente, nascido em Kapilavastu, no sopé do Himalaia, em território do atual Nepal. Filho do rei Suddhodana (reino dos Sakyas), despojou-se de sua fortuna para se dedicar a ensinar a Verdade. É considerado o fundador do Budismo. Não deixou nada escrito. (556-476 a.C.)

> *Sirva-te do teu próprio apoio, da tua própria verdade e de tua própria luz.*

## A ARTE DE VIVER

# Terapia megavitamínica

*Dicionário de Medicina Natural*

Foi o bioquímico norte-americano Linus Pauling quem despertou o interesse do público para a utilização de grandes doses de VITAMINAS como forma de melhorar a saúde. No livro *A vitamina C e os resfriados* (1970), Pauling descrevia suas descobertas de modo acessível aos leitores comuns.

Foi investigando o funcionamento da MEMÓRIA que Pauling começou a estudar o papel das vitaminas. Suas conclusões sobre a vitamina C levaram-no a afirmar que as grandes doses poderiam prevenir os resfriados. A comunidade médica rejeitou a afirmação —, mas muitas pessoas experimentaram o método e concordaram que era, de fato, eficaz.

As pesquisas de Pauling expandiram-se para outras vitaminas e MINERAIS e ele deu o nome de MEDICINA ORTOMOLECULAR (*ortho* significa "correto") à nova forma de abordar a questão da saúde presente em seu trabalho — manter e restituir a saúde pela determinação do nível correto de vitaminas e minerais necessários a cada indivíduo específico.

Pauling afirmava que a medicina ortomolecular tinha a capacidade de acrescentar 20 anos de boa saúde à vida das pessoas. Em sua opinião, grandes doses de vitamina C seriam responsáveis por outros benefícios além do combate ao resfriado, como, por exemplo, ajudando pessoas com CÂNCER. O cientista defendia que a vitamina C podia melhorar a cura e reforçar o SISTEMA IMUNOLÓGICO — especialmente a resistência dos tecidos vizinhos de um câncer, de modo a não permitir que as células malignas se disseminassem.

Embora a mente fértil de Pauling e sua facilidade de comunicação atraíssem a atenção para o potencial de megadoses de vitaminas, ele não foi o primeiro nesse campo. Desde o início dos anos 50, seus compatriotas Abraham Hoffer e Humphry Osmond utilizavam elevadas doses de vitamina B3 para tratar a ESQUIZOFRENIA e reivindicavam uma taxa de êxito superior a 75% em cerca de dois mil casos. Desde então, desenvolveu-se um vasto campo de "psiquiatria ortomolecular" para tratamento das doenças mentais.

Na base de todos esses tratamentos para problemas físicos e mentais — agora designados geralmente como terapia megavitamínica — está a idéia de que as doses diárias de vitaminas e minerais, presentemente recomendadas pelos médicos ortodoxos constituem apenas indicações insuficientes. As necessidades individuais podem variar amplamente — diz-se que muitas pessoas precisam de doses dez vezes maiores do que a recomendada, admitindo-se que outras necessitem de doses cem vezes maiores ou mais.

Tomar vitaminas como medicamento é hoje em dia prática corrente. Podem ser adquiridos sem receita médica suplementos de vitamina C, para evitar infecções virais, em farmácias e lojas de produtos dietéticos. As quantidades que se tomam são muito menores do que as doses megavitamínicas. Também são receitados vitaminas e minerais como parte da prática médica normal — por exemplo, para ACNE, ANEMIA, DIABETES, nível elevado de colesterol no sangue (hipercolesterolemia), ALCOOLISMO e TENSÃO PRÉ-MENSTRUAL —, mas, também nesses casos, as doses não atingem as proporções megavitamínicas.

**Para quem é útil.** Os terapeutas são da opinião de que as doenças da maioria das pessoas podem ser aliviadas pela terapia megavitamínica, porque a principal causa das doenças seria uma anomalia metabólica resultante de uma ingestão incorreta de vitaminas.

As doses poderão ser benéficas para as pessoas que não conseguem assimilar vitaminas e minerais suficientes, mesmo que a alimentação seja adequada. São receitadas megadoses para que a pequena proporção que seu organismo consegue absorver aproxime-se do nível ideal.

Algumas doenças e tratamentos médicos alteram a capacidade de absorver vitaminas e sais minerais. Nesses casos, receitam-se doses muito mais elevadas. Diz-se, por exemplo, que a quimioterapia e a radioterapia fazem triplicar as necessidades de vitaminas dos complexos B e C das pessoas que têm câncer. Os terapeutas preparam complexas combinações de vitaminas para tratar pessoas com câncer, em especial depois de elas terem sido submetidas aos tratamentos convencionais.

Afirma-se também que a vitamina C e as vitaminas do grupo B restituem o equilíbrio bioquímico cerebral de pessoas que sofrem de certas doenças mentais, incluindo a esquizofrenia e a DEPRESSÃO, e que a HIPERATIVIDADE e a toxicodependência respondem ao tratamento.

**Consulta.** Nunca tome doses muito elevadas de vitaminas e sais minerais sem prescrição e vigilância qualificadas. Essas substâncias atuam de modos complexos, que compete ao terapeuta conhecer. Na verdade, a parte mais importante de uma série de consultas será dedicada ao estabelecimento de um rigoroso perfil das suas necessidades específicas. Isso leva tempo e pode exigir exames da pele e análises do cabelo. Só então se decidirá quanto ao emprego adequado de suplementos. O terapeuta deve manter um grande controle sobre o processo, pois as vitaminas podem provocar efeitos colaterais incômodos e até mesmo perigosos.

## O que dizem os médicos

Apesar dos muitos casos individuais em que o tratamento megavitamínico tem tido êxito, os médicos alopatas encaram a terapia com desconfiança, em grande parte porque não existem muitos dados cientificamente comprovados sobre os resultados. Muito poucas têm sido as experiências controladas de forma a se poder descrever os efeitos das vitaminas e minerais, isoladamente ou em combinação, comparados com outros tratamentos.

Das experiências realizadas, especialmente nos Estados Unidos, retiraram-se conclusões pouco significativas ou confusas. Há tantas variáveis na bioquímica dos indivíduos, gozando de boa saúde ou não, que talvez nunca venha a ser possível obter elementos suficientes para prever os efeitos do tratamento.

Já os possíveis problemas provocados pelas megadoses causam alguma preocupação. Quantidades excessivas de vitamina D, por exemplo, podem rapidamente provocar fraqueza muscular, dor nos ossos, hipertensão, ritmo cardíaco irregular e problemas renais. A vitamina A, se tomada em excesso durante um período longo, pode causar dores nas articulações, pele rachada, anemia e amnésia, nos adultos. Nas crianças, pode causar graves perturbações visuais e inchações dolorosas sobre os ossos. Suspeita-se de que possa provocar deformidades em crianças quando tomada em excesso durante a gravidez.

Também há dúvidas quanto à competência das pessoas que prescrevem as megadoses e o receio de que existam grandes interesses comerciais. Com os conhecimentos existentes, seria preferível educar o público quanto às necessidades diárias de vitaminas e minerais, difundindo informações a respeito da presença deles em alimentos normais.

(In: *Dicionário de Medicina*, Vários Autores, Reader's Digest, Rio de Janeiro, 1997.)

## A ARTE DE VIVER

MARTIN CLARET - Empresário, editor e jornalista. Nasceu na cidade de Ijuí, RS. Presta consultoria a entidades culturais e ecológicas. Na indústria do livro inovou, criando o conceito do livro-*clipping*. É herdeiro universal da obra literária do filósofo e educador Huberto Rohden. Está escrevendo o livro *O Infinito Jogo da Vida — Novas Tecnologias para Atualização do Potencial Humano*. (1928 -   )

"
A cura quântica é o 'quarto estado de consciência'. É nesse nível que se dá a cura verdadeira ou autocura. Todos nós podemos atingir esta plenitude de cura espiritual.
"

## A ARTE DE VIVER

# Dante Gabriel Rosseti
**(1828-1882)**

Pintor e poeta, Dante Gabriel Rossetti destacou-se na Inglaterra do século 19, como integrante do movimento pré-rafaelita, que visava a reintroduzir na arte os valores espirituais da tradição medieval.

Gabriel Charles Dante Rossetti, que alterou seu nome para Dante Gabriel, nasceu em Londres em 12 de maio de 1828. Filho de um escritor italiano que emigrara para a Grã-Bretanha por motivos políticos, recebeu educação esmerada.

Hesitante entre a pintura e a poesia como vocação, ingressou no Royal Academy em 1845, e em 1847 descobriu o poeta e pintor William Blake. Os seus modelos passaram a ser, então, os seus mitos literários:

Dante, os poemas épicos de tradição artúrica, Keats, Tennyson, e as antigas baladas inglesas, que Rossetti resolvia em composições tratadas a óleo ou a aquarela, pesada e consciente, longe das transparências de Turner.

A pintura de Rossetti é poesia pintada, semelhante à de Turner, embora em sentido diferente, na qual as cores adquirem personalidade própria, apresentando estados poéticos do artista. A atmosfera de suas aquarelas, como as de 1857: *São João e a Princesa de Sabra*, *A Donzela do Sagrado Graal* ou *A Canção das Sete Torres* (Tate Gallery, Londres), é sonhadora e longínqua, como recriação de cenas de um paraíso perdido, um mundo sonhado que nunca se poderá recuperar, mas que o poeta-artista retoma para seu próprio deleite, refugiado nesse mundo profundo e íntimo da sua torre acastelada. No óleo *Dantis Amor* de 1860 (Tate Gallery, Londres), as figuras são autenticamente simbólicas, como uma beatriz beatífica contemplando para sempre a face de Cristo Rei.

Na última fase, a partir dos anos de 1860, a iconografia de Rossetti enriquece-se com estampas de mulheres de aspecto sensual, ausentes e longínquas. A sua *Beata Beatriz*, de 1863 (Tate Galery, Londres), é uma figura em êxtase, com os olhos cerrados e a boca entreaberta, uma visão cheia de alusões que o artista não pretende revelar, embora ao fundo se vislumbrem, numa atmosfera iluminada tenuamente, as figuras de Dante e Amor, esta vestida de vermelho como o pássaro da morte, que traz uma flor no bico e pousa sobre a enigmática imagem. A cena é, sem dúvida, inquietante.

*A Bem Amada* ou *A Esposa*, de 1865 (Tate Galery,

Londres), envolvida numa cor viva e quente, é de um simbolismo erótico muito mais aparente. Com estas imagens e outras mais perturbadoras, Ruskin sentiu-se aborrecido com o amigo, e a sua amizade foi diminuindo.

No final da década dos anos 50, Rossetti ligara-se a William Morris e a Burne-Jones, estudantes de teologia em Oxford, com quem fez sociedade para colaborar em alguns trabalhos decorativos. Em 1856, ajudou Morris na ornamentação pintada de alguns móveis com motivos decorativos medievais, e anos mais tarde, em 1861, desenhou alguns ambientes da sua própria vivenda. Outra empresa decorativa foi a realizada em 1857 com Morris, Burnes-Jones, Hughes e três dos seus amigos, Prinsep, Hungerford e Stanhope, empreendendo a execução da decoração do Debating Hall, atualmente biblioteca do Union Building de Oxford, com cenas artúrias, extraídas da narração de Malory, onde Rossetti executou *A Visão de Sir Lancelot do Santo Graal* e mais dois desenhos. Rossetti esteve também na origem da fundação da sociedade Morris, Marshall, Faulkner e Cia., em 1861, para a qual desenhou móveis, azulejos e cartões para vitrais.

A partir dos anos 60 pode-se dizer que o movimento primitivo do pré-rafaelismo acabara. A crítica severa que Ruskin fez, em 1857, sobre algumas pinturas, foi um golpe mortal para o movimento. Houve uma segunda geração de pintores adscritos à estética iniciada por Rossetti, Hunt, Millais e Brown, mas esta, estava já mais perto do Simbolismo, com tudo o que este comportava de mudança poética e de estruturas de linguagem. Contudo, a obra de Rossetti não foi alheia a essa mudança.

## A ARTE DE VIVER

# Última mensagem

*Martin Claret*

Este livro-*clipping* é uma experiência educacional. Ele vai além da mensagem explícita no texto.
É um livro "vivo" e transformador.
Foi construído para, poderosamente, reprogramar seu cérebro com informações corretas, positivas e geradoras de ação.
O grande segredo para usá-lo com eficácia é a aplicação da mais antiga pedagogia ensinada pelos mestres de sabedoria de todos os tempos:
A REPETIÇÃO.
Por isto ele foi feito em formato de bolso, superportátil, para você poder carregá-lo por toda parte, e lê-lo com freqüência.
Leia-o, releia-o e torne a relê-lo, sempre.
Invista mais em você mesmo.
Esta é uma responsabilidade e um dever somente seus.
Genialize-se!